Siegfried Lenz

Die schönsten Liebesgeschichten

Zusammengestellt von
Daniel Kampa

Hoffmann und Campe

1. Auflage 2017

www.hoca.de
Einbandgestaltung: Sarah M. Hensmann,
© Hoffmann und Campe Verlag
Einbandabbildung: © plainpicture/Bias
Satz: pagina GmbH, Tübingen
Gesetzt aus der Caslon 540
Druck und Bindung: CPI books GmbH, Leck
Printed in Germany
ISBN 978-3-455-00017-7

HOFFMANN
UND CAMPE

Ein Unternehmen der
GANSKE VERLAGSGRUPPE

Inhalt

Eine Liebesgeschichte

Joseph Waldemar Gritzan, ein großer, schweigsamer Holzfäller, wurde heimgesucht von der Liebe. Und zwar hatte er nicht bloß so ein mageres Pfeilchen im Rücken sitzen, sondern, gleichsam seiner Branche angemessen, eine ausgewachsene Rundaxt. Empfangen hatte er diese Axt in dem Augenblick, als er Katharina Knack, ein ausnehmend gesundes, rosiges Mädchen, beim Spülen der Wäsche zu Gesicht bekam. Sie hatte auf ihren ansehnlichen Knien am Flüßchen gelegen, den Körper gebeugt, ein paar Härchen im roten Gesicht, während ihre beträchtlichen Arme herrlich mit der Wäsche hantierten. In diesem Augenblick, wie gesagt, ging Joseph Gritzan vorbei, und ehe er sich's versah, hatte er auch schon die Wunde im Rücken.

Demgemäß ging er nicht in den Wald, sondern fand sich, etwa um fünf Uhr morgens, beim Pfarrer von Suleyken ein, trommelte den Mann Gottes aus seinem Bett und sagte: »Mir ist es«, sagte er, »Herr Pastor, in den Sinn gekommen zu heiraten. Deshalb möchte ich bitten um einen Taufschein.«

Der Pastor, aus mildem Traum geschreckt, besah

sich den Joseph Gritzan ziemlich ungnädig und sagte: »Mein Sohn, wenn dich die Liebe schon nicht schlafen läßt, dann nimm zumindest Rücksicht auf andere Menschen. Komm später wieder, nach dem Frühstück. Aber wenn du Zeit hast, kannst du mir ein bißchen den Garten umgraben. Der Spaten steht im Stall.«

Der Holzfäller sah einmal rasch zum Stall hinüber und sprach: »Wenn der Garten umgegraben ist, darf ich dann bitten um den Taufschein?«

»Es wird alles genehmigt wie eh und je«, sagte der Pfarrer und empfahl sich.

Joseph Gritzan, beglückt über solche Auskunft, begann dergestalt den Spaten zu gebrauchen, daß der Garten schon nach kurzer Zeit umgegraben war. Dann zog er, nach Rücksprache mit dem Pfarrer, den Schweinen Drahtringe durch die Nasen, melkte eine Kuh, erntete zwei Johannisbeerbüsche ab, schlachtete eine Gans und hackte einen Berg Brennholz.

Als er sich gerade daranmachte, den Schuppen auszubessern, rief der Pfarrer ihn zu sich, füllte den Taufschein aus und übergab ihn mit sanften Ermahnungen Joseph Waldemar Gritzan. Na, der faltete das Dokument mit umständlicher Sorgfalt zusammen, wickelte es in eine Seite des Masuren-Kalenders und verwahrte es irgendwo in der weitläufigen Gegend seiner Brust. Bedankte sich natürlich, wie man erwartet hat, und machte sich auf zu der Stelle am Flüßchen, wo die liebliche Axt Amors ihn getroffen hatte.

Katharina Knack, sie wußte noch nichts von seinem Zustand, und ebensowenig wußte sie, was alles er bereits in die heimlichen Wege geleitet hatte. Sie kniete singend am Flüßchen, walkte und knetete die Wäsche und erlaubte sich in kurzen Pausen, ihr gesundes Gesicht zu betrachten, was im Flüßchen möglich war.

Joseph umfing die rosige Gestalt – mit den Blicken, versteht sich –, rang ziemlich nach Luft, schluckte und würgte ein Weilchen, und nachdem er sich ausgeschluckt hatte, ging er an die Klattkä, das ist ein Steg, heran. Er hatte sich heftig und lange überlegt, welche Worte er sprechen sollte, und als er jetzt neben ihr stand, sprach er so: »Rutsch zur Seite.«

Das war, ohne Zweifel, ein unmißverständlicher Satz. Katharina machte ihm denn auch schnell Platz auf der Klattkä, und er setzte sich, ohne ein weiteres Wort, neben sie. Sie saßen so – wie lange mag es gewesen sein? – ein halbes Stündchen vielleicht und schwiegen sich gehörig aneinander heran. Sie betrachteten das Flüßchen, das jenseitige Waldufer, sahen zu, wie kleine Gringel in den Grund stießen und kleine Schlammwolken emporrissen, und zuweilen verfolgten sie auch das Treiben der Enten. Plötzlich aber sprach Joseph Gritzan: »Bald sind die Erdbeeren soweit. Und schon gar nicht zu reden von den Blaubeeren im Wald.« Das Mädchen, unvorbereitet auf seine Rede, schrak zusammen und antwortete: »Ja.«

So, und jetzt saßen sie stumm wie Hühner nebeneinander, äugten über die Wiese, äugten zum Wald hinüber, guckten manchmal auch in die Sonne oder kratzten sich am Fuß oder am Hals.

Dann, nach angemessener Weile, erfolgte wieder etwas Ungewöhnliches: Joseph Gritzan langte in die Tasche, zog etwas Eingewickeltes heraus und sprach zu dem Mädchen Katharina Knack: »Willst«, sprach er, »Lakritz?«

Sie nickte, und der Holzfäller wickelte zwei Lakritzstangen aus, gab ihr eine und sah zu, wie sie aß und lutschte. Es schien ihr gut zu schmecken. Sie wurde übermütig – wenn auch nicht so, daß sie zu reden begonnen hätte –, ließ ihre Beine ins Wasser baumeln, machte kleine Wellen und sah hin und wieder in sein Gesicht. Er zog sich nicht die Schuhe aus.

Soweit nahm alles einen ordnungsgemäßen Verlauf. Aber auf einmal – wie es zu gehen pflegt in solchen Lagen – rief die alte Guschke, trat vors Häuschen und rief: »Katinka, wo bleibt die Wäsch'!«

Worauf das Mädchen verdattert aufsprang, den Eimer anfaßte und mir nichts, dir nichts, als ob die Lakritzstange gar nicht gewesen wäre, verschwinden wollte. Doch, Gott sei Dank, hatte Joseph Gritzan das weitläufige Gelände seiner Brust bereits durchforscht, hatte auch schon den Taufschein zur Hand, packte ihn sorgsam aus und winkte das Mädchen noch einmal zu sich heran.

»Kannst«, sprach er, »lesen?«

Sie nickte hastig.

Er reichte ihr den Taufschein und erhob sich. Er beobachtete, während sie las, ihr Gesicht und zitterte am ganzen Körper.

»Katinka!« schrie die alte Guschke, »Katinka, haben die Enten die Wäsch' gefressen?«

»Lies zu Ende«, sagte der Holzfäller drohend. Er versperrte ihr, weiß Gott, schon den Weg, dieser Mensch. Katharina Knack vertiefte sich immer mehr in den Taufschein, vergaß Welt und Wäsche und stand da, sagen wir mal: wie ein träumendes Kälbchen, so stand sie da.

»Die Wäsch', die Wäsch'«, keifte die alte Guschke von neuem.

»Lies zu Ende«, drohte Joseph Gritzan, und er war so erregt, daß er sich nicht einmal wunderte über seine Geschwätzigkeit.

Plötzlich schoß die alte Guschke zwischen den Stachelbeeren hervor, ein geschwindes, üppiges Weib, schoß hervor und heran, trat ganz dicht neben Katharina Knack und rief: »Die Wäsch', Katinka!« Und mit einem tatarischen Blick auf den Holzfäller: »Hier geht vor die Wäsch', Cholera!«

O Wunder der Liebe, insbesondere der masurischen; das Mädchen, das träumende, rosige, hob seinen Kopf, zeigte der alten Guschke den Taufschein und sprach: »Es ist«, sprach es, »besiegelt und beschlossen. Was für ein schöner Taufschein. Ich werde heiraten.« Die alte Guschke, sie war zuerst wie vor den Kopf getreten, aber dann lachte sie und sprach: »Nein, nein«, sprach sie, »was die Wäsch' alles mit sich bringt. Beim Einweichen haben wir noch nichts gewußt. Und beim Plätten ist es schon soweit.«

Währenddessen hatte Joseph Gritzan wiederum etwas aus seiner Tasche gezogen, hielt es dem Mädchen hin und sagte: »Willst noch Lakritz?«

1955

Der Mann im Apfelbaum

Einen seltsamen Baum, Herrschaften, gab es bei uns in Suleyken; wohl den seltsamsten Baum von der Welt. Was sich auf seinen Zweiglein schaukelte, es waren die Blüten des Aberglaubens, und es waren – aber ich will der Reihe nach erzählen.

Vierunddreißig Apfelbäume, so wird berichtet, besaß der Adam Arbatzki, keinen aber pflegte und bevorzugte er mehr als den, welcher unmittelbar neben seinem Häuschen stand. Es war, betrachtete man alles aus der Entfernung, ein sonderbares Verhältnis, das dieser Adam Arbatzki mit seinem Bäumchen hatte: nicht nur, daß er ihm reichlich und vom besten Dünger gab, daß er zur Zeit der Nachtfröste ein Koksöfchen neben ihm aufstellte – zuweilen, wie mehrmals festgestellt wurde, pflegte er sich sogar mit ihm zu unterhalten. Plauderte schließlich so ungeniert mit dem Bäumchen, bis seine Frau, ein ganz junges Marjellchen namens Sofja, einiges mitbekam und ihn darob mit folgenden Worten zur Rede stellte: »Ich habe, Adam, im letzten Winter rechnen gelernt. Und ich habe ausgerechnet, daß du bei Sonne vier, bei Regen sieben Sätze mit mir redest. Mit meinen Ohren aber, die ich habe, um zu hören, habe ich erlauscht, daß du mit jenem Bäumchen, das immer mehr in die Breite geht und schon in alle Fenster hineinlugt, mehr als zehn Sätze sprichst. Demzufolge möchte ich bitten um Aufklärung. Das ist ja wohl möglich.«

Adam Arbatzki, er lächelte mild und müde, besann sich ein wenig und sprach dann mit leiser Stimme: »Die zehn Sätzchen, moia Zonka, die ich sprech zu dem Baum, sprech ich zu mir selbst. Denn dies Bäumchen ist niemand anderes als meine Wenigkeit. Ich habe es gepflanzt, damit ich schlüpfen kann in es, wenn ich tot bin. Und damit ich aufpassen kann auf dich, Sofja. Du bist noch jung, moia Zonka, und wer jung ist, stellt sich womöglich ziemlich dreibastig an. Somit möchte ich dich schon heute ein bißchen warnen. Das Bäumchen – und das heißt ich – kann hineinlugen in alle Fenster und sehen, was vor sich geht. Wenn zuviel vor sich geht nach meinem Tode, werd ich mich schon auf gewisse Weise melden.«

Dies Gespräch fand statt an einem Dienstag; an einem Mittwoch legte sich Adam Arbatzki ins Bett, an einem Donnerstag schickte er nach dem Arzt, und da er sich an dem Arzt nicht vergriff, sondern schluckte, was dieser ihm verschrieb, starb er an einem Sonntag zur Kaffeezeit. Eigentlich war er auch alt genug dafür.

Na, die Sofja, das kribblige Marjellchen, sorgte sich, daß ihr Adam Arbatzki ein schönes Plätzchen fand, mottete seine Jacken und Hosen ein und verhielt sich ruhig. Wenigstens einstweilen. Aber nach und nach ließ sie die Trauer hinter sich – war ja auch zu jung, um sich künftighin nur zu grämen – und erging sich in dem, worin das Leben, scheint's, zur Hauptsache besteht: nämlich in Geschäftigkeit. Diese Geschäftigkeit führte sie, was keinen wundern wird, gelegentlich auch unter das Bäumchen des Adam Arbatzki. Aber statt ihm Dünger anzubieten, ein Eimerchen voll bester Jauche oder ein Koksöfchen für die Nachtfröste, bot sie ihm nur scheele Blicke. Rupfte sich, im Vorbeigehen, auch mal einen Zweig ab, schlug mit dem Fuß dagegen oder machte sonst was – alles nur, um zu sehen, wie weit der alte Adam Arbatzki wirklich in dem Bäumchen enthalten sei. Und da auf ihre Versuche nichts Außergewöhnliches geschah, kein Ächzen erfolgte, kein Stöhnen, Rauschen oder Schimpfen, ließ sie eines Tages, weil der Baum ihr quasi ein ungeheurer Splitter im Auge war, einen fremden Knecht kommen und sprach zu dem: »Hacke mir«, sprach sie, »Knecht, dieses runzlige Ding weg. Schön ist es nicht, wachsen tut es nicht mehr, und die Äpfel, die es abwirft, kann kein Mensch in den Mund nehmen. Außerdem nimmt mir das Gewächs das Licht weg für alle Stuben.«

Der Knecht, ein gewisser Sbrisny, holte sich darauf seine Axt, holte sich noch dazu ein Fuchsschwänzchen und ein Seil und schickte sich an, dem Adam

Arbatzki im Baume den Garaus zu machen. Bis hierher ging auch alles gut.

Aber nun frage ich: wer, Herrschaften, würde von uns stumm zusehen, wenn ein gewisser Sbrisny käme, uns ein Seil um den Hals legte und dann anfinge, mit seinem Fuchsschwänzchen an unseren Beinen herumzusägen? Ich will doch hoffen, da würde sich niemand ruhig verhalten. Na also. Und darum ist auch nicht zu erwarten, daß sich der Adam Arbatzki im Baume ruhig verhielt: als sich der Knecht mit der Säge gerade bückte, flog ihm ein morscher Ast so eindrucksvoll auf den Schädel, daß er sich nicht wieder hochrecken konnte. Mußte im Fuhrwerk nach Hause geschafft werden, dieser Sbrisny, und mied den bezeichneten Baum von Stund an.

Darauf ging das Marjellchen Sofja wie wandelnd unter das Bäumchen, lauschte ein Weilchen, sah sich alles genau an und wisperte: »Der Knecht Sbrisny, Adam Arbatzki, hat immer geholfen bei den Rüben. Und das Heu hat er eingefahren. Es schickt sich nicht, wenn du ihm so schlägst auf den Dassel. Ein Ast zieht schlimmer als die Hand.«

Das Bäumchen schwieg dazu, und Sofja, die junge Witwe, ging in ihr Haus und überlegte.

Überlegte, ob er kommen solle oder nicht – er: damit ist gemeint das kräftige Bürschchen Egon Zagel, ein Lachudder weit und breit, worunter man sich vorzustellen hat einen Lümmel. Schließlich, weil sie in sich pochen fühlte eine Sehnsucht, entschied sie, daß er gegen Abend zu ihr kommen solle, und sie gab ihm Bescheid.

So kam Egon Zagel auf seinen – wenn es erlaubt ist zu sagen – schiefgelaufenen Latschen der Liebe ins Häuschen und ging ohne Umschweife der Tätigkeit eines Freiers nach. Aber mitten im Prahlen und Ringeln, im Drehen und Scharwenzeln – was geschah da? Was man erwartet hat: Adam Arbatzki im Baum schlug mit den Ästen gegen die Fenster, knarrte im Wind und kratzte mit verschiedenen Zweigen am Strohdach. Tat das unablässig und derart aufdringlich, daß die Sofja sich erhob und zu dem Freier sprach: »Du könntest, Egon Zagel, bitte schön, hinausgehen und dem Baum ein paar Äste nehmen. Besonders die, mit denen er uns nicht in Ruhe läßt.«

»Das wird«, sprach der Freier, »geordnet in zwei Minuten.« Schnappte sich ein Küchenmesser und trat unter den Baum, um die fraglichen Äste auszumachen. In diesem Augenblick schüttelte sich Adam Arbatzki so, daß das Bürschchen erst einmal gehörig naß wurde, und als es sich, mit zwei, drei Schritten, in Sicherheit bringen wollte, stellte ihm der Adam Arbatzki ein Bein, genauer gesagt, er stellte dem Lachudder eine Wurzel, woraufhin dieser dergestalt stolperte und sich drehte, daß ihm das Küchenmesser in eine seiner bemerkenswerten Hinterbacken fuhr. Der jungen Witwe blieb es vorbehalten, das Küchenmesser herauszuziehen und zu säubern, und es braucht nicht gesagt zu werden, daß jener Freier ziemlich rasch verduftete.

Ja, und nun begann es sich allmählich herumzusprechen, was mit diesem Bäumchen los war, und es gab nicht wenige in Suleyken, die es höflich grüßten und hin und wieder auch ein Wörtchen zu ihm sprachen. Vor allem fand sich keiner, der bereit gewesen wäre, das Marjellchen Sofja als regelrechte Witwe anzusehen – ein Umstand, der ihr außerordentlich zu Herzen ging und sie, wo nicht schwermütig, so doch ratlos machte. Dieser Zustand hielt auch ein paar Jährchen an. Aber in ihrem Kopf rumorte es, rumorte so lange, bis ergrübelt war ein neuer Plan, wie dem Bäumchen zur Rinde zu gehen wäre. Und sie ließ kommen einen auswärtigen Knecht aus Schissomir, einen düsteren Menschen namens Strichninski, der von nichts wußte. Diesem wurde aufgetragen, eine Fackel an das Bäumchen zu legen und es sachte abpesern zu lassen.

Wickelte auch gleich, dieser Strichninski, ein Stück Sackleinwand um einen Knüppel, tauchte ihn in Teer, zündete ihn an und warf ihn gegen das Bäumchen. Und jetzt mag man es glauben oder nicht: die Fakkel prallte so forsch ab, als ob der Baum sie zurückgeschleudert hätte; sie flog zu jenem Strichninski zurück und leckte ihm einmal über die Visage, was bewirkte, daß er schreiend davonrannte.

Wieder trat Sofja, die junge Witwe, in den Garten

und beschimpfte Adam Arbatzki im Baum. Aber der blieb stumm.

Schon war das Marjellchen daran, sich für immer in ihr Geschick zu fügen, als sich ein kleiner lebhafter Gärtner mit Namen Butzereit bei ihr einstellte, der von ihrem Unglück vernommen hatte. Kam also zu ihr und sagte: »Was man zu hören bekommt über den Adam Arbatzki im Baum, es stimmt einen nachdenklich. Aber wer, frage ich, wird sich nicht wehren, wenn man ihm fährt an die Haut. Da muß man anders handeln. Gegen entsprechende Vergütung würde ich es schon übernehmen.«

»Es wird«, sagte Sofja, »alles vergütet bei Gelegenheit.« Was bleibt mir zu sagen? Dieser kleine, lebhafte Gärtner nahm ihre Hand und sagte: »Ich werde«, sagte er, »das Bäumchen verschönern. Dagegen wird es wohl nichts haben. Es geht alles ohne Gewalt.«

Und er ging hin und begann das Apfelbäumchen auf verschiedene Weise zu veredeln: durch, wie es heißt, Äugeln, durch Geißfußpfropfen und Kerbeln. Setzte ihm hier einen Haselnußast an, da einen Zweig vom Birnbaum, verwendete Kastanien, Birken, Weiden und sogar Linden, und pfropfte dem Bäumchen alles auf unter ständigen Schmeicheleien. Und das Bäumchen, es ließ sich das auch gefallen – womit es, wie jeder Kundige einsehen wird, überlistet war. Denn es wuchs nun, ja, wohin wuchs es eigentlich? Auf einer Seite hingen Haselnüsse, auf der anderen Äpfel, hier waren es Kastanien, da Kruschken, mit einem Wort: Adam Arbatzki im Baum verlor so allmählich seine Natur, wuchs sich gewissermaßen aus. Was zuletzt von ihm nachblieb, war nur der Stamm. Sagt selbst, Herrschaften, geben Beine noch einen Menschen ab? So also verzweigte und verzettelte sich jener Adam Arbatzki, weil er nichts gegen eine Veredelung hatte. Wer nach Suleyken kommt, kann ihn übrigens immer noch dort sehen: den wahrscheinlich seltsamsten Baum von der Welt.

1955

Der Anfang von etwas

Mühsam kam Harry Hoppe die Pier herab. Mit vorgelegtem Oberkörper, in einer Hand einen Pappkoffer, in der andern einen verschnürten Karton, so stemmte er sich gegen das böige Schneetreiben, das schon in der Dunkelheit jenes Silvestermorgens eingesetzt hatte. Kalt zog es von den Speichern her, von den naßglänzenden Bergen der Bunkerkohle; Eisschollen trieben im schwarzen Wasser des Stroms, kreisten in der Strömung, schrammten splitternd an der Mauer entlang; Böen fuhren scharf über sie hin, riffelten, krausten die offenen Stellen des Wassers zwischen den treibenden Eisschollen. Unter dem Schneetreiben kam Hoppe hervor, nur ein Schatten zuerst, eine mühsame Ankündigung seiner selbst; kam hervor auf der äußersten Kante der Pier, angestrengt, mit gesenktem Gesicht, und gegen die Stöße des Winds, der seine Arme mit den Gepäckstücken auseinanderzuzwingen suchte, den Mantel gegen den Körper preßte, kam er unaufhaltsam herab bis zur grünen Zollbude. Als er im Windschutz der Zollbude war, blickte er zum ersten Mal auf, und er blickte in das graue Gesicht eines Mannes, der mit der Schulter an der Bude lehnte und ihn beobachtete. Es war ein alter Mann in schmieriger Joppe, mit riesigen Schuhen an den Füßen; ein schlapper Rucksack, aus dem oben eine Wasserwaage heraussah, hing über seinem Rücken; zwischen den Händen hielt er eine bläulich schimmernde Säge, die in der Mitte mit Sackresten umwickelt war. Reglos stand er da, nur der vernarbte Stummel seines Zeigefingers bewegte sich, glitt knapp über das bläulich schimmernde Band der Säge. Hoppe setzte den Koffer ab, den verschnürten Karton, er stäubte den Schnee aus dem Halsausschnitt, klopfte die Schuhe an der Holzbude ab und trat nah an den Mann mit der Säge heran, der ihn aufmerksam und argwöhnisch beobachtete. Aus dem Windschatten sah Hoppe den Weg zurück, den er gekommen war, sah über die treibenden Eisschollen und den Strom hinab: schräg ging der Schnee nieder, wie hinter gespannten Schnüren eines weißen Gitters verbarg er das andere Ufer, die Werft, die kahle Böschung; wirbelnd stob der Schnee auseinander, wenn Böen in das Gitter einschlugen, wurde explosionsartig hochgeworfen und flach niedergedrückt auf das Wasser. Während sein Gesicht dem Strom zugekehrt war, blickte Hoppe aus den Augenwinkeln auf den Alten, der in argwöhnischer Reglosigkeit dastand, nur mit dem Stummel des Zeigefingers leicht über die Säge rieb.

»Mieser Tag«, sagte Hoppe, und er drehte sich um,

so daß er den Alten fast berührte, musterte ihn einen Augenblick und sprach dann in das graue Gesicht hinein: »Mein Schiff ist weg, es hat hier gelegen, an dieser Pier ... es kann noch nicht lange her sein. Es ist ein Feuerschiff, wir waren zur Reparatur in der Werft.« Der Mann mit der Säge schwieg, sein Gesicht bewegte sich nicht, reglos lehnte er an der Budenwand.

»Hier hat es gelegen«, sagte Hoppe und wies auf die schmutzige Pier, »an dieser Stelle war es festgemacht. Vielleicht haben Sie es gesehen, es kann noch nicht lange her sein, daß sie ausliefen.«

»Nix«, sagte der Alte, »nix«; er schluckte, schüttelte den Kopf, so als habe er nie etwas gesehen, und selbst wenn er etwas gesehen hätte, er nicht bereit wäre, das in diesem Augenblick oder überhaupt jemals zuzugeben. Sein Zeigefinger lag jetzt still auf dem Blatt der Säge, sein Blick löste sich vom andern und lief über den Strom, woher klagend, verstümmelt durch das Schneetreiben, die Rufsignale einer Barkasse zu ihnen drangen. Die Barkasse blieb unsichtbar.

»Sie können nicht lange weg sein«, sagte Hoppe.

Der Alte schwieg und sah abweisend über ihn hinweg, hob gleichgültig die Schultern, starrte auf die kreisenden Eisschollen, die glattgespült waren an den Rändern, von milchiger Bläue und die in ihrer Mitte verkrustete Schneeklumpen trugen, Holzstücke oder zerbeulte Blechdosen.

»Es hat keinen Zweck«, sagte Hoppe, und er spürte, daß er es zu sich selbst sagte, »es lohnt sich nicht, zu warten. Jetzt werden sie bald auf Position sein: ich geh nach Haus.« Er nahm den Koffer auf, den verschnürten Karton, sah noch einmal den Strom hinab, nickte gegen den Rücken des reglos dastehenden Alten und ging. Er ging zwischen den Speichern hindurch, über einen schienendurchschnittenen Platz und eine Bergstraße hinauf, in der dreckige Kinder ein lautloses Spiel spielten: schweigend, ärgerlich warteten sie, bis er vorbei war. Im Windschutz einer bröckeligen Mauer ging er die Bergstraße zu Ende, durchquerte zugige Anlagen, ging weiter zu einem U-Bahnschacht und bog in eine Straße ab, die nur aus Buden bestand, aus Kneipen und natürlich geheizten Varietés. Zischend flog ein Knallfrosch über eine Mauer, lag glimmend einen Augenblick da, erhob sich plötzlich unter wilden kleinen Explosionen und wurde auf die Straßenbahnschienen hinausgeschleudert.

Hoppe blieb stehen, er wandte sich um, sah unschlüssig auf den schwarzen U-Bahnschacht, auf die gedrungene Frau in dem langen Mantel, die auf einem Klapphocker vor dem Eingang Zeitungen verkaufte, und während er zurücksah, dachte er: ›Sie wird es früh genug erfahren, früh genug.‹

Weich erschien Annes Gesicht vor ihm, ein blasses Brötchengesicht, das nur aus Sauberkeit und Vorwurf bestand; er dachte an sie, hörte ihre Stimme, den immer gleichen, anklagenden Tonfall, der jeden Satz zu einem müden Kommando machte, er dachte an den seufzenden Überdruß ihrer Bewegungen, wenn sie die Krümel von seiner Tischseite ablas, Zigarettenasche vom Stuhl fegte; an ihren Blick dachte er, in dem die frühe Enttäuschung über die Ehe lag, und noch in der Erinnerung daran merkte er, wie er bereits weiterging durch die Straße der Buden und Kneipen.

Von fernher, aus der Stadt, waren dumpfe Detonationen zu hören, Kanonenschläge, die erstickt klangen im Schneetreiben; Hoppe erschrak jedesmal. Eine alte, sehr geschminkte Frau kam auf ihn zu, in einem Arm trug sie eine Milchflasche, im andern einen fetten gelben Hund; sie sah ihn mit einem drohenden Gesichtsausdruck an, er trat zur Seite, und sie bog hinter ihm ab in einen Torweg. An einem planierten Ruinenplatz vorbei ging er die Straße fast ganz hinab, begegnete mißmutigen Gesichtern, erwartungsvollen, roch den würgenden Geruch siedenden Bratenfetts, der aus den zugigen Buden herausdrang. Ein Schwärmer schoß schräg hinter ihm in die Luft, schraubte sich mit panischem Heulton in die Höhe und zerplatzte: die Straße der Buden und Kneipen kündigte schon Silvester an.

Hoppe blickte auf seinen Karton, er war angedunkelt von Feuchtigkeit, an der Unterseite war die Pappe durchgeweicht, die Schnur schnitt in die Finger. Langsam scherte er aus, ging auf ein nasses Eisenrohrgeländer zu und stieg die Zementstufen zu einer Kellerkneipe hinab. ›Sie wird es früh genug erfahren,‹ dachte er, ›und wenn Anne erfahren hat, daß ich das Schiff verpaßt habe, wird sie mir die Schuld geben und aufhören zu reden, so wie ihre Mutter aufgehört hatte mit ihr zu reden, wenn sie sie bestrafen wollte. Schweigen ist für sie nie etwas anderes gewesen als eine Strafe. Sie wird schon früh genug damit anfangen ...‹ Er setzte den Karton ab, drückte den gerillten Türdrücker nach unten und spürte, wie der Drücker leicht und geräuschlos nachgab, und als er ihn losließ, öffnete sich die Tür, und vor dem Hintergrund einer braunen Filzportiere, dicht vor ihm, stand ein Mann mit Schirmmütze, dessen Gesicht von blauen Punkten gesprenkelt war wie von einer Ladung Schrot. Überrascht sahen sie sich an, dann ging der Mann an ihm vorbei, die Zementstufen hinauf auf die Straße. Hoppe schlug die Filzportiere zur Seite und betrat die Kneipe, trat in einen dämmrigen Raum, der von einem warmen, süßlichen Geruch erfüllt war; der Boden war mit Sägespänen bestreut, die Tischplatten waren geschrubbt, matt schimmerten sie in der Dämmerung. Der Wirt, ein riesiger Mann in grauem Pullover, stand hinter der Theke, wie auf Lebenszeit eingezwängt stand er da, blickte jetzt von seiner Zeitung auf, musterte Hoppes Schuhe, seinen Mantel und das Gepäck und lächelte.

»Kein guter Tag«, sagte er.

»Nein«, sagte Hoppe.

Er setzte sich an einen geschrubbten Tisch. Über ihm, mit starren, rötlichen Augen, schwamm ein ausgestopfter Sägefisch träge durch den Zigarettenqualm; sanft drehte er sich in knarrenden Drähten. An der Decke lief eine flackernde Rußspur entlang, lief quer durch den Raum und verschwand hinter dem angelaufenen Rohr eines Kanonenofens. Der Tisch neben dem Kanonenofen war besetzt; ein Mann und eine Frau saßen an ihm; prüfend sahen sie zu Hoppe hinüber, einige Sekunden nur, dann begannen sie sich flüsternd zu unterhalten.

»Paula«, rief der Wirt, ohne von der Zeitung aufzublicken. Hinter einem Vorhang antwortete eine Frauenstimme, ein Topfdeckel schepperte, hastige Schritte erklangen hinter dem Vorhang, ein schwacher Fluch; unwillig wurde der Vorhang zur Seite geworfen, und eine Frau kam hinter der Theke hervor, eine junge Frau in schwarzem Pullover, mit weißer Schürze und zaghaftem Lächeln. Lächelnd kam sie an Hoppes Tisch, drückte ihren Leib gegen die Tischkante, wartete, und auf einmal verschwand das Lächeln von ihrem Gesicht, wurde überdeckt von einem leisen Erschrecken, das sie unwillkürlich zurückweichen ließ.

»Harry«, sagte sie, »oh, Harry.«

»Ja«, sagte er, und er sah an ihr vorbei in einen Reklamespiegel, in dem verschwommen sein Gesicht erschien: das aschblonde Haar, die steile und breite

Stirn und die tiefliegenden Augen, eingerahmt von den goldenen Buchstaben einer Schnapsreklame. Gleichgültig blickte er das müde Gesicht an, es war noch jung, rotgefroren von der Kälte draußen, am Kinn klebte ein Papierschnipsel, mit dem eine Rasierwunde abgedeckt war.

»Wußtest du, daß ich hier bin?« fragte Paula.

»Nein«, sagte er, »ich wußte es nicht. Ich bin zufällig hier hereingekommen. Ich hab mein Schiff verpaßt heute morgen.«

»Du bist zur See gefahren?« fragte sie.

»Nein, ich war auf einem Feuerschiff, eine Wache nur. Wir lagen draußen am Minenzwangsweg, bei den wandernden Bänken.«

»Und jetzt?«

»Jetzt nichts«, sagte er. »Wir waren zur Reparatur im Dock, und sie sind zu früh ausgelaufen oder ich bin zu spät an die Pier gekommen.«

»Ich arbeite jetzt hier«, sagte sie, »seit damals. Ich mußte etwas anfangen.«

Er nickte, sah in ihr blasses Gesicht, auf den kleinen aufgeworfenen Mund, der an die lauschenden Münder draller Friedhofsengel erinnerte. Das schwarze Haar war glatt zurückgekämmt, um den faltenlosen Hals trug sie eine dünne Kette. »Was möchtest du?« fragte sie.

»Schnaps«, sagte er, »einen klaren Schnaps und eine Brühe.«

»Die Brühe taugt nichts«, rief der Mann, der am Ofentisch saß, und wiegte warnend den Kopf. Er war betrunken. Seine Augen standen knopfartig hervor, und sein spitz zulaufendes, kinnloses Gesicht gab ihm das Aussehen einer Ratte.

»Also?« fragte Paula.

»Beides«, sagte Hoppe, und sie drehte sich um, streifte mit strengem Blick den kleinen Betrunkenen und ging hinter den Vorhang. Die rauchigen Wände der Kneipe waren mit Photographien bedeckt, in doppelter Reihe zogen sie sich um den ganzen Raum, und jetzt entdeckte Hoppe, daß es Photographien von berühmten Freistilringern waren: starräugig, das Kinn angezogen, mit ausgelegten Fäusten blickten sie auf die Tische hinab, musterten jeden, der dort saß, mit finsterer Feindseligkeit. Der kleine Betrunkene beobachtete, wie Hoppe die Reihe der Photographien entlangsah, und er rief verächtlich: »Sägemehl, die haben nischt als Sägemehl im Kopp, und ihr Bizeps is mit Luft gefüllt. Frag nur Henrietta, mein Junge, die weiß es.«

»Halt die Fresse«, sagte Henrietta. Sie richtete sich seufzend neben ihm auf, eine schwere Frau mit talgiger Haut, fett, Bitterkeit im jungen Gesicht; sie steckte in einem abgetragenen Pelzmantel, der sie umschloß wie ein durchgescheuertes Fell. Ihre fleischigen Finger krümmten sich in die Handflächen hinein, die Halsschlagader pulste. Sie warf das dichte, stumpfe Haar zurück, hob die Mantelecken auf und nahm einen Schluck.

»Wo ist denn dein Jankel Bubescu«, krähte der kleine Mann neben ihr, »er wollte doch wiederkommen. Seit drei Jahren wartest du, daß er zurückkommt. Und nun? Und nun? Vielleicht hat jemand die Luft aus seinem Bizeps gelassen, und die Luft aus seinem Gedächtnis dazu. Vielleicht ist aus deinem Panther von Przemysl ein alter Fahrradschlauch geworden.«

»Er wird wiederkommen«, sagte Henrietta leise.

Der kleine Betrunkene mit den Knopfaugen lachte.

»Warum?« rief er, »warum meinst du, daß er wird wiederkommen?«

»Weil er der feinste Mann ist, den es gibt. Noch nie ist in dieser Stadt ein so nobler Mann gewesen wie Bubescu, keiner reicht an ihn heran.«

»Ein Feigling war er, mit nischt wie Sägemehl im Kopp. Drei Jahre hat er dich warten lassen, und diese Jahre sind futsch, diese Jahre sind fftt.«

Der Wirt blickte ruhig von seiner Zeitung auf, blickte den Kleinen an und sagte: »Bubescu war ein feiner Mann, mehr ist in diesem Lokal nicht über ihn zu sagen.«

»So sieht das Lokal auch aus«, sagte der Kleine und stieß einen Pfiff aus, dünn und durchdringend wie eine Ratte.

»Kümmer dich um deinen Dreck«, sagte Henrietta.

Der Vorhang hinter der Theke bewegte sich,

bauschte sich, Paula kam heraus, ging mit verstörtem Lächeln an Hoppes Tisch, setzte eine Tasse dampfender Brühe vor ihn hin, ein Glas Schnaps, und während sie noch servierte, sagte sie – und Hoppe wußte, daß sie sich das, was sie sagte, hinter dem Vorhang überlegt hatte: »Ich werde heiraten, Harry.«

Er antwortete nicht, er hob das Glas, nickte ihr zu und trank; angestrengt legte er den Kopf zurück, ließ den Alkohol über seine schmerzenden Backenzähne rinnen und schluckte und schüttelte sich.

»Immer noch die Zähne?« fragte sie.

»Ich hab's aufgegeben«, sagte er, »sie sehen sehr gut aus, aber alle sind lose. Zum Schluß bleibt mir nur die Zunge, um die Wunden zu lecken.«

»Hat die Behandlung nicht geholfen, damals?«

»Uns hilft keine Behandlung mehr«, sagte Hoppe, »wir können uns nur noch neu machen lassen, mit allem neu. Was uns fehlt, ist ein neuer Anfang.«

»Du bist schrecklich, Harry.«

Sie setzte sich vorsichtig auf einen Stuhl neben ihn, sah auf sein Gepäck am Tischbein, sah zu, wie er in der Brühe rührte, Nudeln und gehacktes Grünzeug hochbrachte und dann, mühselig, mit geschlossenen Augen, die Brühe zu schlürfen begann. Scharf zog er die Brühe ein, schob die Lippen vor, zog kühlende Luft nach, jeder Schluck erleichterte ihn.

»Und du, Harry«, fragte sie ihn, »bist du verheiratet?«

»Ungefähr«, sagte er.

»Wie ist das, wenn man ungefähr verheiratet ist?«

»Man kann sich alles dabei denken.«

»Du hättest nicht kommen sollen, Harry.«

»Ich gehe gleich wieder.«

»Du brauchst nicht zu gehen, nicht weil ich hier bin. Es würde nichts ändern.«

»Dann bring mir noch einen Schnaps«, sagte er.

Paula stand auf, bückte sich; sie hob den Karton auf, trug ihn wortlos zum Kanonenofen hinüber und stellte ihn so ab, daß die vor Feuchtigkeit schwarze Unterseite dem Ofen zugekehrt war, in dem die Glut knackte und summte. Hoppe beobachtete sie dabei aus den Augenwinkeln, rührte in der Brühe, dachte: ›Bis hierher also, und jetzt fängt es an wie damals.‹

Sie stand hinter der Theke, füllte sein Glas, und als er in ihr Gesicht blickte, lächelte sie; dann brachte sie das volle Glas, nahm das leere vom Tisch und blieb zögernd, eine Hand unter der sauberen, verwaschenen Schürze, neben seinem Stuhl stehen.

»Ich muß dich sprechen«, sagte er.

»Es geht nicht, hier nicht.«

»Dann später, nur irgendwann heute.«

Sie antwortete nicht. Sie wandte sich um und verschwand mit dem leeren Glas hinter dem Vorhang, der sich für einen Augenblick bauschte und wieder zurückfiel.

Ein verfrorenes Mädchen mit einem Packen Zeitungen kam in die Kneipe, es trug Wollstrümpfe, braune Fingerhandschuhe, an denen Daumen und Zeigefinger abgeschnitten waren: scheu bewegte es sich durch die Kneipe, knickste vor dem Wirt, legte eine Zeitung auf die Theke und ging hinaus, nur von einem saugenden Geräusch begleitet, das ihre Gummischuhe hervorriefen.

Hoppe trank, hielt den Kopf schräg und ließ den Alkohol über seine Zähne rinnen, als der kleine Betrunkene in der Ofenecke aufstand und rief: »Wie heißt du? Woher kommst du eigentlich?« Er zwängte sich heraus, kam schwankend an Hoppes Tisch, rückte einen Stuhl zurecht und setzte sich und sah ihn mit mißtrauischem Interesse an. Dicht über dem Tisch schob sich das kinnlose Gesicht heran. Unter dem Tisch bumste sein Fuß gegen Hoppes Pappkoffer.

»Ein mieser Koffer is das«, sagte er, »willst du verreisen damit?«

»Ich wollte.«

»Und was is nu?«

»Nun ist nichts, nun bleib ich hier.«

»Kein feiner Tag zum Hierbleiben. Gehörst du auf einen Dampfer?«

»Ja.«

»Und? Warum bist du nicht auf deinem Dampfer?« Er versetzte dem Sägefisch einen Schlag, der Fisch schlug herum, bewegte sich knarrend in den Drähten und pendelte sich aus.

»Hast du deinen Dampfer verpaßt?« fragte er, und, als Hoppe schwieg: »Freu dich nicht zu früh, mein Junge, ich habe viele gekannt, die den Dampfer wechseln wollten und dann glaubten, alles vor sich zu haben. Freu dich nur nicht zu früh.«

Er rückte vom Tisch ab, ging, indem er sich auf Stuhllehnen und Tischkanten stützte, durch die Kneipe zur Ofenecke, wo Hoppes Karton trocknete. Geringschätzig sah er auf den Karton hinab, ungestützt, sein Körper schwankte vor und zurück, neigte sich zur Seite, so daß es aussah, als werde er mit dem Gesicht gegen den heißen Ofen kippen, doch er fiel nicht, fing jedes Schwanken, jede Bewegung, die ihn hinabzog, durch eine heftige Gegenbewegung auf, und plötzlich schlug er seinen rechten Fuß in die durchgeweichte Unterseite des Kartons: die Schuhspitze durchstieß die Pappe, der Karton prallte krachend gegen den Ofen, und unter der Wucht seines eigenen Schlages taumelte der kleine Betrunkene zurück bis zur Theke. Als er mit dem Rücken gegen die Theke stieß, schnellte ein riesiger Arm an den Bierhähnen vorbei, selbsttätig, als ob er zu keinem Körper gehöre, eine Hand schlug in den oberen Rand der Jacke, hob den kleinen Mann schnürend hoch; dann sah Hoppe den Schatten einer anderen Hand, die schnell durch die Luft fuhr und mit der Kante eine Stelle zwischen Hals und Schlüsselbein traf. Der kleine Betrunkene blickte erstaunt, ungläubig. Er lächelte fassungslos, und dies Lächeln stand auf seinem Gesicht, als ihn die Hand, die ihn schnürend festhielt, ruckartig fortstieß. Er drehte sich einmal um sich selbst und sackte über einen Tisch.

»Es tut mir leid«, sagte der Wirt, »ich habe es zu spät gesehen.«

»Der Karton hat ausgedient«, sagte Hoppe.

»Gib Ludi meinen Kognak«, sagte Henrietta. Sie reichte das Kognak-Glas über den Tisch, der Wirt nahm es ihr ab, trug es langsam zu dem schwach stöhnenden Mann, der mit dem Gesicht auf der Tischplatte lag. Hoppe half dem Wirt, Ludi umzudrehen und ihm den Kognak einzuflößen.

»Er ist ein guter Kerl«, sagte der Wirt. »Nur heute hat er seinen schlechten Tag.«

»Soll ich ihn nach Hause bringen?«

»Er ist hier zu Hause.«

Paula schlug den Vorhang zurück und sah erschrokken auf den kleinen Mann. Sein Gesicht war verzerrt, die Lider nicht ganz geschlossen. Ein dünner Speichelfaden floß aus seinem Mund. Schluckend bewegte sich der Adamsapfel den gelblichen Hals hinab. Hoppe spürte, wie sich Paulas Finger um seinen Unterarm schlossen, ihr Erschrecken sich im wachsenden Druck der Finger fortsetzte.

»O Gott, Harry«, sagte sie.

»Ihm geht's gut«, sagte Hoppe, »zumindest nicht schlechter, als es einem in seiner Lage gehen kann. Er kommt gleich wieder zu sich.«

Der Wirt zog den kleinen Mann hoch, strich über die ausgezehrten Wangen, roch an ihm und ließ ihn zufrieden auf den Tisch zurücksinken. Ohne ein Wort kehrte er zu seiner Zeitung hinter der Theke zurück.

»Ich werde bald abgelöst«, sagte Paula leise.

»Um so besser.«

»Wollen wir dann irgendwohin gehen?«

»Sicher. Wohin du willst.«

»Ich freue mich, Harry.«

»Ja.«

Die Tür der Kneipe öffnete sich, sie hörten es nicht, merkten es nur an der Zugluft, die hereinströmte; eine kleine, schmutzige Hand schob sich durch die Filzportiere, nichts als eine Hand, die hastig zwei, drei giftgrüne Papierkügelchen auf den Fußboden der Kneipe schleuderte, Knallerbsen, die mit violetter Stichflamme explodierten. Paula schlich zur Tür, doch bevor sie die Portiere erreicht hatte, wurde die Tür lachend zugeknallt, und sie hörten fliehende Schritte draußen auf der Treppe. Paula kam zurück.

»Es ist schrecklich«, sagte sie.

»Heute ist Silvester«, sagte Hoppe.

»Warum müssen sie nur knallen?«

»Weil es heute erlaubt ist.«

»Ich muß jetzt gehen.«

»Ich warte«, sagte er.

Der kleine Mann mit dem Rattengesicht bewegte sich auf dem Tisch, er hob zuerst die Lider und blinzelte, richtete sich dann auf, lächelte erstaunt in die Runde. Er rieb sich den Hals. Er wischte mit dem Ärmel über den Mund. Zart strich er über den Sägefisch, fauchte ihn freundlich an.

»Fühlst du dich gut?« fragte Henrietta.

»Sehr gut, Henrietta. Woll'n wir ein Spielchen machen?«

»Machen wir ein Spiel.«

»Kein Wort mehr gegen Jankel Bubescu«, sagte er, »der hatte was im Hemd.«

Sie gingen zu einem Spielautomaten, der neben der Glasvitrine hing. In der Vitrine lagen Zigaretten, mit Gurken garnierte Sülzkoteletts, ein angeschnittener Räucheraal, dessen Pelle sich zu krausen begann, Dropsrollen und Tabakpakete. Sie steckten Groschen in den Schlitz des Automaten, drückten einen Hebel herunter, bis es knackte; flirrend drehten sich die Scheiben mit den Zahlen, wurden schneller, bis keine Zahl, kein Trennungsstrich mehr zu erkennen war; ruckartig drückten sie einen Knopf hinein, die Umdrehung der Scheibe wurde langsamer, stieß klickend an und ließ ein Lämpchen aufflammen, und manchmal, wenn das Geräusch des Automaten schon verstummt war, wenn die Stille schon Verlust zu bedeuten schien, Aufforderung und neuen Einsatz, dann erfolgte mit herausfordernder Verzögerung ein Rasseln, ein stoßweises Klimpern, und durch den überdachten Schlitz spuckte ihnen der Automat einige Groschen zurück.

Hoppe sah zu, wie sie spielten, hörte Hebel knakken, hörte den nachschwingenden Ton springender Stahlfedern, das Summen der rotierenden Scheiben; er beschloß, ein Spiel zu machen. Doch bevor er noch aufstand, hob der Wirt den Kopf, sah sich um, und da er nur Hoppes Blick fand, sagte er zu ihm von der Theke her: »Das paßt zu diesem Tag.«

»Was? Was ist los?«

»Was hier steht«, sagte der Wirt. »Sie haben ein Schiff gerammt draußen in der Mündung, wieder diese Panamesen mit einem ihrer Tanker; mittendurch und unter Wasser gedrückt und keiner gerettet.«

»Wann war das?« fragte Hoppe.

»Es steht in der neuen Zeitung, morgens im Schneetreiben und in der Dunkelheit ist es passiert. Es war ein Feuerschiff, eins von den alten Reserveschiffen, das unterwegs war zu seinem Liegeplatz. Die Totenliste ist gleich mitgeliefert: die ganze Besatzung, alle elf.«

»Elf?« fragte Hoppe.

»Ihre Namen sind gedruckt. Zwei haben sie aufgefischt, aber sie sind gestorben an Bord von diesem Panamesen.«

Hoppe stand auf, ging an die Theke, nahm schweigend die Zeitung und drehte sie um, und was er zuerst sah, war das Bild seines Schiffes: der hohe Laternenträger in der Mitte, die beiden Masten mit den Wanten, der gestutzte Bugspriet, der das Feuerschiff einem verkümmerten Segler ähnlich machte, und mitschiffs auf der Bordwand, groß und bis zur Wasserlinie hinabgezogen, erkannte er den Namen, las: ›Lund II‹. Er stand und starrte auf die Zeitung. Er strich mit den Fingern über das Bild, sah das Schiff ruhig an langer Ankerkette dümpeln, dachte: Brodersen, der alte Thieß, sah den Blinkstrahl gleichmäßig durch die Nacht kreisen, hörte Jörgensen von der Makrelenangel am Heck rufen, das Rumpeln der Eisschollen an der Bordwand draußen …

»Ist was?« fragte der Wirt.

»Nichts«, sagte Hoppe.

Er legte die Zeitung hin, las die halbfett gedruckten Namen der Toten, las: Harry H., 32 Jahre, verheiratet, und dann las er nicht weiter. Er schob die Zeitung dem Wirt zu, die Zeitung rutschte in eine Bierlache, weichte durch, verfärbte sich. Der Wirt hob sie schnell heraus, schwenkte sie hin und her und schüttelte den Kopf. Hoppe ging an seinen Tisch zurück, er setzte sich, er kramte aus der Hosentasche eine zerknitterte Packung Zigaretten hervor, schnippte eine Zigarette raus, rollte sie auf der Tischplatte grade und steckte sie wieder in die Packung. Er dachte: ›… ich muß eine Zeitung kaufen, die Alte am U-Bahnschacht kann nicht wechseln, zehn Pfennig klein, allein nachlesen …‹, hob den Pappkoffer auf den Tisch herauf, ließ nacheinander die Schlösser aufschnappen und senkte den Kopf hinter dem hochgestellten Deckel.

Tastend fuhren die Finger am inneren Kofferrand entlang, bohrten sich unter den kreuzweis verschnürten Inhalt: der blaue Pullover, die Strickmütze, glatt und kalt der Wachstuchbeutel mit dem Rasierzeug. Hoppe zerrte den Wachstuchbeutel heraus, legte ihn auf einen Stuhl und schloß den Koffer und stellte ihn unter den Tisch. Bewegungslos saß er da im Dämmer der Kneipe.

»Du«, sagte der kleine Betrunkene, »was ist? Was ist mit dir und einem Spielchen?«

»Jetzt muß ich gehen«, sagte Hoppe.

»Is nichts?«

»Später vielleicht.«

Er zahlte beim Wirt, schob den Wachstuchbeutel in die Manteltasche und holte aus der Ofenecke seinen Karton; eilig bog er die gerissene Pappe über dem Loch zurecht, beklopfte die Unterseite und nahm Koffer und Karton in eine Hand.

»Bis später«, sagte er. Der Wirt nickte.

Draußen streute ein schnurrbärtiger Invalide Asche auf die Zementstufen der Kneipe, Hoppe wartete, beobachtete, wie der böige Wind die Asche in kleinen Fahnen von der Schaufel riß, hörte den knirschenden Schritt des Invaliden, der sorgfältig, ohne ihn zu beachten, weiterstreute, und während er wartete, spürte er, wie die kalte Luft stechend seine bloßen Zahnhälse traf. Die letzte Schaufel Asche stäubte über Hoppes Schuhe, der Invalide drehte sich um, warf die Schaufel in den Marmeladeneimer und stieg knirschend die Stufen hinauf. Hoppe stieg ihm nach. Als er oben auf der Treppe war, hörte er seinen Namen. Paula stand vor der Tür, zusammengekrümmt unter einem Kälteschauer. Schnell kam sie herauf, blieb eine Stufe unter ihm und blickte ihn an.

»Gehst du schon?« fragte sie.

»Ich komme zurück.«

»Wann?«

»Gleich, Paula. Geh wieder hinein.«

»Ich muß dich sprechen, Harry.«

»Ich weiß. Es dauert nicht lange.«

Er ging die Straße zurück, die er gekommen war, vorbei an Buden und Kneipen, an Jungmühlen, schäbigen Varietés, vor denen jetzt goldbetreßt, die breiten Hände in Fingerhandschuhe gezwängt, stramme Portiers standen. Weiter an kleinrädrigen Wagen vorbei, alten Zirkuswagen, in denen Liebesratgeber und Würstchen verkauft wurden, vorbei an dem durchhängenden Catcherzelt, das der Wind schüttelte, zum U-Bahnschacht. Er gab der gedrungenen Zeitungsfrau einen Groschen, zog unter einer Persenning, die schützend über den Klapphocker gedeckt war, eine Zeitung hervor und trat hinter eine Betonwand. Er schlug die Zeitung auseinander. Er suchte das Bild seines Schiffes, und während er suchte, glaubte er, daß alle Vorübergehenden ihn ansahen, alle Gesichter sich aus ihren Vermummungen hoben, argwöhnisch, starr vor heimlichem Verdacht und heimlicher Vermutung. Hoppe faltete die Zeitung wieder zusammen und schob sie in die Brusttasche. Durch die zugigen Anlagen ging er zur Bergstraße, unter schwarznassen Bäumen, an nacktem Gebüsch vorbei, das die Wege flankierte, er ging bis zur bröckeligen Mauer, als ihm zwei Kinder den Weg verstellten.

»Du mußt uns helfen«, sagte ein Junge.

»Ich habe keine Zeit«, sagte Hoppe.

»Wir spielen Volltreffer«, sagte der Junge.

»Dann spielt weiter.«

»Wir können nicht weiterspielen«, sagte der Junge, »Rudi fehlt. Seit dem letzten Volltreffer ist er weg. Wir suchen ihn schon zwei Stunden, aber keiner kann ihn finden.«

»Das kann vorkommen«, sagte Hoppe, und er drängte die dreckigen Kinder zur Seite, ging die Straße hinab und wieder zur Pier, wieder in den Windschatten der grünen Zollbude. Der Mann mit der Säge war verschwunden. Hoppe setzte das Gepäck ab, lehnte sich mit der Schulter gegen die Budenwand und zog die Zeitung heraus. Und er las alles noch einmal; noch einmal sah er das angedunkelte Bild seines Schiffes, den gekappten Bugspriet, der ihn immer an das abgeschnittene Horn eines Hornfischs erinnerte ... hörte ihre Stimmen, Brodersens Stimme, Jörgensens Stimme ... verfolgte das kreisende Licht über dem grün aufschimmernden Wasser ... die Schatten nachts aufkommender Schiffe ... draußen vor den wandernden Bänken, an langer Kette am Minenzwangsweg ... las und las: ›Harry H., 32 Jahre, verheiratet. Er dachte an Anne, dachte: Jetzt wird Evers bei ihr sitzen mit Bügelfalten und warmer Anteilnahme, wird ihr schonend beibringen, daß ihr Mann, einer unserer Besten, einem Unglücksfall zum Opfer fiel – Kontorvorsteher Evers mit gutsitzendem Kummer, Kummer nach Maß, ja ihr Mann war einer der Besten, und wir werden helfen, wo zu helfen ist, sein Andenken in Ehren halten.‹

Hoppe blickte über den Strom: Wind und Schnee, er blickte hinab auf die treibenden Eisschollen, knüllte die Zeitung zusammen und warf sie in den Strom. Er steckte sich eine Zigarette an. Er lehnte rauchend an der fensterlosen Bude, sah sich plötzlich um, trat aus dem Windschatten heraus und spähte die Pier hinab, musterte die Luken der Speicher, stand und lauschte auf das schleifende Geräusch einer fernen Straßenbahn; dann trat er zurück, hob ohne Zögern den Karton an und ließ ihn knapp neben der Pier zwischen die Eisschollen fallen: ein tiefes ›Wumm‹ drang zu ihm herauf, ein Laut wie ein tiefes zufriedenes Aufseufzen. Ruhig ergriff er den Pappkoffer, führte ihn nach hinten, diskusgleich, schnellte aus der Hüfte hervor und schleuderte den Koffer mit verlängertem Armschwung auf den Strom hinaus. Der Koffer traf eine Eisscholle, schrammte über sie hinweg und rutschte ins offene Wasser. Er sank nicht. Er sog sich mit Wasser voll und trieb, eingeklemmt von Eisschollen, den Strom hinab. Hoppe wartete, bis Koffer und Karton hinter dem weißen Gitter des Schneetreibens verschwunden waren, dann schnippte er die Kippe der Zigarette fort und ging langsam durch das Schneetreiben zur Stadt hinauf.

1958

Hintergründe einer Hochzeit

In Bollerup, Nachbarn, gab es einen Bauern, der hieß Sven. Dieser Sven Feddersen, ein langarmiger Mann mit schleppenden Bewegungen, mit wäßrigen Augen und dem Hals eines ausgewachsenen Truthahns, war, solange man denken konnte, begehrt: Erbe eines ansehnlichen Hofes, Besitzer des Mischwaldes, Eigentümer von Wiesen, Wasserläufen und Feldern, auf denen regelmäßig Steinäxte gefunden wurden, schien es ihm an nichts zu mangeln – außer an einer Frau. Da gab es so manche, die sich ihm an die Seite dachte, womöglich in seine bedächtigen Arme; doch Sven entging allen Fallen, ließ sich in keinen Hinterhalt locken, beschied alle unmißverständlichen Aufforderungen gewissermaßen abschlägig.

Man kann sich daher unser Erstaunen vorstellen, als er sich eines Tages, im Alter von siebenundfünfzig, verlobte. Seine Wahl war auf eine gewisse Elke Brummel gefallen, eine zarte, aber zähe Person, die beliebt war wegen ihrer Fähigkeit, Unterhaltungen wortlos zu bestreiten, alles Wesentliche durch Nikken zu sagen. Kaum war das bekannt, da erkundigte man sich nach dem Termin der Hochzeit, und Sven gab zu verstehen, daß die Hochzeit, seiner Meinung nach, im Herbst stattfinden werde, nach der Ernte. Da niemand an seiner Auskunft zweifelte, sah jedermann in seiner Verlobten bereits eine Elke Feddersen.

Doch der Herbst kam und ging vorüber, ohne daß die Hochzeit stattgefunden hätte. Fragte man Sven, warum die Hochzeit ausgefallen war, so sagte er einfach, wegen des Todes eines Onkels, und dieser Grund wurde anerkannt.

Im darauffolgenden Jahr nun starb kein Onkel, und wer geglaubt hatte, daß die Hochzeit diesmal stattfinden würde, der sah sich getäuscht: der Herbst kam und ging vorüber, und der Zustand, in dem sich beide befanden, war nach wie vor der von Verlobten. Man konnte beobachten, wie die beiden einander zufällig auf dem Hünengrab begegneten, auf dem Feld oder auf der Straße, man konnte zur Kenntnis nehmen, wie sie ein Weilchen miteinander schwiegen, mehr war ihren Begegnungen nicht zu entnehmen. Da verriet nichts, daß man sozusagen füreinander versprochen war; kein Zwinkern, kein Winken und erst recht kein Wort.

Nun ist es wirklich nicht allein die Geschichte, die mich zwingt, Herbst auf Herbst verstreichen, das Verlöbnis dauern zu lassen. Sven Feddersen verhielt sich einfach, als sei ihm seine Verlobung mit Elke Brummel entfallen, denn fünf-, sechs-, achtmal kam der Herbst, und eine Hochzeit fand nicht statt. Die Leute in Bollerup, sie waren schon der Meinung, daß Sven sein Leben als Verlobter beschließen wollte, und hier und da vergaß man sogar, daß er überhaupt verlobt war. Man behandelte ihn allmählich wieder wie einen Ledigen, und das gleiche geschah mit Elke Brummel, die, zart, aber zäh, den Hof ihres Bruders zu beaufsichtigen half.

Plötzlich, nach neun ereignislosen Herbsten, geschah, was niemand mehr erwartet hatte: Sven Feddersen ließ einen Termin für seine Hochzeit bekanntgeben; ließ aber nicht nur den Termin bekanntgeben, sondern lud sogleich zweihundertvierzehn Personen, wovon einhundertachtundneunzig Feddersen hießen, in den Mühlenkrug, um mit ihnen die Hochzeit zu feiern. Da war Bollerup – nun, sagen wir mal, tief verblüfft; aus einer Spannung entlassen, seufzte man auf und beeilte sich, die geforderte Summe abzuzählen, denn obwohl eingeladen, mußte jeder, wie es in Bollerup üblich ist, die Rechnung selbst bezahlen.

Die ländliche Hochzeit fiel auf einen Sonnabend, und nach der Trauung fand sich die Gesellschaft im Gasthaus ein, wo man sich an langen Tischen niederließ und zu Ehren des späten Hochzeitspaares folgendes aß: saure Heringe, gebratenen Aal, gebratene Seezungen, gebackenes Huhn, geschmorte Koteletts, panierten Speck, ein Stück vom Hasen, Wurstplatten, Platten mit Schinken und kalter Schweineschulter, dazu Brot, Kartoffeln und Gemüse, danach Eis und Käseplatten. Hatte zunächst, während des Essens, noch hier und da jemand das Wort genommen, so entstand, erstaunlich und belastend, eine immer befremdlichere Stille, die jeder spürte, die jedem zusetzte, und mein Schwager will wissen, daß diese Stille nur deshalb entstand, weil jeder darüber grübelte, warum das Verlöbnis neun Jahre gedauert hatte. Insbesondere grübelte man deshalb darüber, weil das betagte Brautpaar, alles in allem, einen ausgeglichenen, zufriedenen Eindruck machte, sich aufmerksam die Kartoffeln zuschob, mitunter auch nachdenklich zunickte; und dabei fragte man sich natürlich, warum man dies Bild nicht bereits vor neun Jahren hatte wahrnehmen und genießen können.

Der Druck der Stille wurde so groß, daß einige Feddersens es als Erlösung ansahen, als eine Kapelle aus Flensburg, die sich selbst »Die blauen Jungen« nannten, mit ihrer Tätigkeit begann. Sven und Elke tanzten zuerst, und dann tanzten die andern, und ich könnte jetzt beschreiben, wie der Tanz sich ausnahm im Verhältnis zur Musik, könnte auch erwähnen, was mit dem überflüssigen Essen geschah, doch das und so manches andere interessiert nur die Betroffenen.

Ich möchte nur zugestehen, was von überregionalem Interesse ist, und da wäre zu sagen, daß Sven Feddersen keine Einladung zum Schnaps ausschlug, an die neunzig Mal anstieß und sich deshalb kostenlos an neunzig Schnäpsen labte. Das hatte zur Folge, daß er mitteilsam wurde, zuerst mit den Händen, die er hier und da fallen ließ, gegen Morgen auch mit dem Mund, und auf einmal, so berichtet mein Schwager, verschaffte sich jemand Luft, wollte sich gleich dazu Gewißheit verschaffen; und er ging – ich glaube, es war der Friseur, Hugo Feddersen – zum Bräutigam.

Stellte sich einfach vor ihn und fragte: »Warum, Sven Feddersen, hat deine Verlobung neun Jahre gedauert?« Darauf soll Sven gezwinkert und dann gesagt haben: »Als mein Onkel starb, da hinterließ er mir einen ganzen Keller voll Johannisbeerwein. Es gibt nichts, was ich so gern trinke wie dieses Zeugs. Nachdem ich die erste Flasche probiert hatte, sagte ich mir: heiraten kannst du, wenn der Keller leer ist; denn so ein Tröpfchen, das trinkt man besser allein.«

1975

Schweigeminute

»Wir setzen uns mit Tränen nieder«, sang unser Schülerchor zu Beginn der Gedenkstunde, dann ging Herr Block, unser Direktor, zum bekränzten Podium. Er ging langsam, warf kaum einen Blick in die vollbesetzte Aula; vor Stellas Photo, das auf einem hölzernen Gestell vor dem Podium stand, verhielt er, straffte sich, oder schien sich zu straffen, und verbeugte sich tief.

Wie lange er in dieser Stellung verharrte, vor deinem Photo, Stella, über das ein geripptes schwarzes Band schräg hinlief, ein Trauerband, ein Gedenkband; während er sich verbeugte, suchte ich dein Gesicht, auf dem das gleiche nachsichtige Lächeln lag, das wir, die ältesten Schüler, aus deiner Englischstunde kannten. Dein kurzes schwarzes Haar, das ich gestreichelt, deine hellen Augen, die ich geküßt habe auf dem Strand der Vogelinsel: Ich mußte daran denken, und ich dachte daran, wie du mich ermuntert hast, dein Alter zu erraten. Herr Block sprach zu deinem Photo hinab, er nannte dich liebe, verehrte Stella Petersen, er erwähnte, daß du fünf Jahre zum Lehrerkollegium des Lessing-Gymnasiums gehörtest, von den Kollegen geschätzt, bei den Schülern beliebt. Herr Block vergaß auch nicht, deine verdienstvolle Tätigkeit in der Schulbuchkommission zu erwähnen, und schließlich fiel ihm ein, daß du ein allzeit fröhlicher Mensch gewesen warst: »Wer ihre Schulausflüge mitmachte, schwärmte noch lange von ihren Einfällen, von der Stimmung, die alle Schüler beherrschte, dies Gemeinschaftsgefühl, Lessingianer zu sein; das hat sie gestiftet, dies Gemeinschaftsgefühl.«

Ein Zischlaut, ein Warnlaut von der Fensterfront, von dort her, wo unsere Kleinen standen, die Quartaner, die nicht aufhörten, sich darüber auszutauschen, was sie interessierte. Sie bedrängten, sie schubsten sich, sie hatten einander etwas zu zeigen; der Klassenlehrer war bemüht, Ruhe zu stiften. Wie gut du aussahst auf dem Photo, den grünen Pullover kannte ich, kannte auch das seidene Halstuch mit den Ankern, das trugst du auch damals, am Strand der Vogelinsel, an die es uns antrieb im Gewitter.

Nach unserem Direktor sollte auch ein Schüler sprechen, sie forderten zuerst mich auf, wohl deswegen, weil ich Klassensprecher war, ich verzichtete, ich wußte, daß ich es nicht würde tun können nach allem, was geschehen war. Da ich ablehnte, sollte Georg Bisanz sprechen, er bat sogar darum, ein paar Worte sagen zu dürfen für Frau Petersen, Georg war schon immer der Lieblingsschüler, seine Referate bekamen höchstes Lob. Was hättest du gedacht, Stella, wenn du seinen Bericht von der Klassenreise gehört hättest, von diesem Ausflug auf eine nordfriesische Insel, wo uns ein alter Leuchtturmwärter mit seiner Arbeit bekannt machte und wo wir im Watt Butt peddeten, jauchzend, mit schlammbedeckten Beinen, auch deine schlammbedeckten Beine erwähnte er und deinen hochgezogenen Rock und daß du die meisten Flachfische mit den Füßen ertastet hast. Den Abend im Fährhaus überging er ebenfalls nicht. Als er die gebratenen Flundern rühmte, sprach er für uns alle, und ich stimmte ihm auch bei, als er den Abend mit Shanty-Musik begeistert in Erinnerung rief.

Wir sangen mit damals, wir kannten ja *My Bonnie* und *Wir lagen vor Madagaskar* und all die anderen Shanties. Ich trank zwei Gläser Bier, und zu meinem Erstaunen trank auch Stella Bier. Manchmal glaubte ich, du seist eine von uns, eine Mitschülerin, du freutest dich, worüber wir uns freuten, du hattest deinen Spaß daran, als einer von uns den ausgestopften Seevögeln, die überall herumstanden, Mützen aufsetzte, Papiermützen, die er geschickt faltete. »Uns alle, liebe Kollegen, hat es gefreut, daß zwei Schüler ein Stipendium für Oxford gewannen«, sagte der Direktor, und um die Bedeutung hervorzuheben, nickte er Stellas Bild zu und wiederholte leise »ein Stipendium für Oxford«. Als könnte diese Aussage aber auch anders verstanden werden, war plötzlich ein Schluchzen zu hören, der Mann, der hinter vorgehaltener Hand schluchzte, war

Herr Kugler, unser Kunsterzieher, wir hatten sie oft auf ihrem gemeinsamen Heimweg gesehen, Stella und ihn. Gelegentlich hatte sie sich bei ihm eingehakt, und da er sehr viel größer war als sie, hatte es mitunter den Anschein, als schleppte er sie ab. Einige der Schüler stießen sich an und machten einander auf den schluchzenden Lehrer aufmerksam, zwei Quartaner konnten nur mit Mühe das Kichern unterdrücken.

Er war nicht unter den Zuschauern, als wir am Wellenbrecher arbeiteten, Herr Kugler war auf einem Segelboot unterwegs in der dänischen Inselwelt. Unter den Zuschauern, die wir an jedem Tag hatten, wäre mir der hochgewachsene Mann mit seiner besorgniserregenden Magerkeit sogleich aufgefallen. Die meisten Zuschauer waren Sommergäste.

Sie kamen, manche in Badeanzügen, den Strand herauf vom Hotel *Seeblick*, stiegen auf die Mole und pilgerten den ganzen Bogen hinaus bis zum Molenkopf, wo sie sich einen Platz suchten beim Blinkfeuer oder auf den mächtigen Steinbuckeln. Unser schwarzer, zerschrammter, für den Steintransport gerüsteter Lastkahn lag schon neben der Einfahrt von Hirtshafen, gehalten von zwei Ankern, bis in Deckshöhe beladen mit schlamm- und algenbedeckten Steinen, die wir geborgen hatten, um den Wellenbrecher zu verbreitern und aufzustocken und die Mole, aus der die Winterstürme manch ein Stück herausgeschlagen hatten, auszubessern. Mäßiger Nordost versprach verläßliches Sommerwetter.

Auf ein Handzeichen meines Vaters schwenkte Frederik, sein Arbeitsmann, den Ladebaum aus, senkte den Greifer, brachte die Metallzähne so über einen Stein, daß er fest umschlossen war, und als die Winsch ansprang und der Koloß sich ruckend aus dem Frachtraum erhob und leicht pendelnd über die Bordkante schwenkte, blickten die Zuschauer gebannt zu uns herüber; einer hob seinen Photoapparat. Wieder gab mein Vater ein Zeichen, die Metallzähne des Greifers öffneten sich, entließen den Koloß, und dort, wo er aufschlug, schwappte das Wasser hoch, mit einem brodelnden Geräusch warfen sich Wellen auf, Kippwellen, die sich nur langsam verliefen.

Ich nahm die Klarsichtscheibe, ließ mich neben der Bordwand ins Wasser, um die Lage der Steine zu begutachten, doch ich mußte warten, bis die Wolke aus Schlamm und Sand sich in der leichten Strömung fortgewälzt und abgesetzt hatte, da erst erkannte ich, daß der große Stein gut lag. Er lastete quer auf anderen Steinen, zwischen ihnen jedoch gab es Lücken und Spalten, wie berechnet für ablaufendes Wasser, für den Spülstrom. Auf den anfragenden Blick meines Vaters hin konnte ich ihn beruhigen: Alles lag, wie es sollte, wie der Wellenbrecher es erforderte. Ich kletterte an Bord, und Frederik hielt mir sein Zigarettenpäckchen hin und gab mir Feuer.

Bevor er den Greifer abermals über die Steinlast senkte, lenkte er meine Aufmerksamkeit auf die Zuschauer: »Da, Christian, das Mädchen in dem grünen Badeanzug, mit der Strandtasche, ich glaube, sie winkt dir zu.« Ich erkannte sie sofort, an ihrer Frisur, an ihrem breitwangigen Gesicht erkannte ich sie sofort, Stella Petersen, meine Englischlehrerin am Lessing-Gymnasium. »Kennst du sie?« fragte Frederik. »Meine Englischlehrerin«, sagte ich, und Frederik darauf, ungläubig: »Die? Die sieht doch aus wie eine Schülerin.« »Täusch dich nicht«, sagte ich, »sie ist bestimmt etliche Jahre älter.«

Damals, Stella, erkannte ich dich sofort, und ich dachte auch an unser letztes Gespräch vor den Sommerferien, an deine Mahnung, deine Ermunterung: »Wenn Sie die Zensur halten wollen, Christian, müssen Sie mehr tun; lesen Sie *The Adventures of Huck Finn*, und lesen Sie *Animal Farm*. Nach den Sommerferien werden wir uns damit beschäftigen.« Frederik wollte wissen, ob wir gut miteinander auskämen, meine Lehrerin und ich, und ich sagte: »Es könnte besser sein.«

Wie sie Frederik interessiert beobachtete, der seinen Greifer über einen großen schwarzen Koloß brachte, ihn lüftete, ihn einen Augenblick über dem fast leeren Frachtraum schweben ließ, es aber nicht verhindern konnte, daß der Stein aus den Metallzähnen glitt und auf den mit Stahlblech ausgelegten Boden des Prahms schemmerte, so hart, daß der Lastkahn erzitterte. Sie rief uns an, sie winkte, mit Gesten gab sie uns zu verstehen, daß sie zu uns kommen wollte auf den Prahm, und ich schob den schmalen Laufsteg heran, stieß ihn über die Bordkante und fand am Fuß der Mole einen abgeflachten Stein, auf dem der Laufsteg fest auflag. Nicht zaghaft, entschlossen turnte sie zu uns herüber, wippte ein paarmal, oder versuchte es zu tun, ich streckte ihr die Hand hin und half ihr an Bord. Mein Vater schien nicht erfreut zu sein über den fremden Gast, langsam ging er auf sie zu, blickte dabei mich an, fordernd, erwartungsvoll, und als ich sie mit ihnen bekannt machte – »Meine Lehrerin, meine Englischlehrerin, Frau Petersen« –, sagte er: »Viel gibt's hier nicht zu sehen«, und dann gab er ihr die Hand und fragte lächelnd: »Christian macht Ihnen hoffentlich nicht große Sorgen?« Bevor sie antwortete, schaute sie mich prüfend an, gerade so, als fehlte es ihr noch an Sicherheit für ihr Urteil, aber dann sagte sie in fast gleichmütigem Ton: »Christian hält sich gut.« Mein Vater nickte nur, er hatte nichts anderes erwartet; mit seiner üblichen Wißbegier fragte er gleich weiter, wollte wissen, ob sie zum Strandfest hierhergekommen sei, das Hirtshafener Strandfest locke viele Leute an, darauf schüttelte Stella den Kopf: Freunde seien mit ihrer Jacht unterwegs, in Hirtshafen solle sie in diesen Tagen an Bord genommen werden.

»Ein schönes Revier«, sagte mein Vater, »viele Segler schätzen es.«

Der erste, der an diesem Tag unseren aufgestockten Wellenbrecher passierte, war ein kleiner heimkehrender Fischkutter, sicher glitt er auf die Hafeneinfahrt zu, der Fischer drosselte den Motor und legte bei uns an, und als mein Vater ihn nach dem Fang fragte, deutete er auf die flachen Kisten mit Dorsch und Makrele. Es war ein armseliger Fang, der gerade ausreichte, um den Diesel zu bezahlen, zuwenig Schollen, zuwenig Aal, bei der Vogelinsel geriet ihm auch noch ein Torpedo ins Netz, ein Übungstorpedo, den das Fischereischutzboot übernommen hatte. Er blickte auf unsere Steinladung, dann auf seinen Fang, und mit freundlicher Stimme sagte er: »Bei dir lohnt es sich, Wilhelm, was du brauchst, das holst du raus, Steine bleiben an ihrem Platz, auf Steine ist Verlaß.« Mein Vater ließ sich einige Fische geben, bezahlen wollte er später, an Stella gewandt sagte er: »Auf dem Wasser, im offenen Boot, darf man keine Geschäfte machen, das ist so.« Nachdem der Fischer abgelegt hatte, forderte mein Vater Frederik auf, die Becher zu verteilen und uns Tee einzuschenken. Auch Stella erhielt einen Becher, den Rum, den Frederik zuschenken wollte, lehnte sie ab; er selbst bediente sich so großzügig, daß mein Vater glaubte, ihn warnen zu müssen.

Die letzten Steine aus unserer Ladung hievte Frederik sehr langsam auf, er schwenkte den Ladebaum so aus, daß sich der Stein knapp über der Wasseroberfläche bewegte, und dort, wo der Wellenbrecher wuchs, oder wachsen sollte, senkte er ihn ab, er ließ den Stein nicht fallen, sondern senkte ihn jetzt ab und nickte zufrieden, wenn das Wasser über dem Findling sich hob und zusammenschlug.

Du, Stella, kamst nicht los von den mächtigen Steinen, du fragtest, wie lange die wohl gelegen haben auf dem Grund der See, wie wir sie entdeckten, wie wir sie bargen, einigen glaubtest du Wesen anzusehen, die sich verewigt hatten durch Versteinerung. »Müßt ihr lange suchen?«

»Ein Steinfischer weiß, wo er sich bedienen kann«, sagte ich, »mein Vater kennt ganze Steinfelder und künstliche Riffs, die vor hundert Jahren entstanden sind, die fragt er ab. Die Karte, in der der ergiebigste Grund eingezeichnet ist, die hat er im Kopf.«

»Diese Steinfelder«, sagte Stella, »die möchte ich einmal sehen.«

Sie wurde angerufen, einer der Hirtshafener Jungen hatte sich an den Zuschauern vorbeigedrängt und rief sie an, und da sie ihn anscheinend nicht verstand, hechtete er von der Mole ins Wasser und war mit wenigen Kraulschlägen am Prahm. Leicht zog er sich an der Strickleiter hinauf. Er übersah uns, er wandte sich gleich an Stella und richtete ihr aus, was man ihm aufgetragen hatte: Telefon, im Hotel wird sie am Telefon verlangt, sie soll da sein, wenn wieder angerufen wird. Und als wollte er die Bedeutung seines Auftrags hervorheben, fügte er hinzu: »Ich soll Sie mitbringen.«

Es war Sven, der immer vergnügte Sven, ein Bursche mit Sommersprossen, der beste Schwimmer, den ich kannte. Es wunderte mich nicht, daß er zum Hotel deutete, zu der langen Holzbrücke, und Stella vorschlug, mit ihm hinüberzuschwimmen, und nicht nur dies: Er schlug ihr ein Wettschwimmen vor. Stella war so erfreut, daß sie ihn an sich zog, auf Svens Vorschlag aber wollte sie nicht eingehen. »Ein andermal«, sagte sie, »bestimmt ein andermal.« Ohne sie zu fragen, zog ich unser Schlauchboot heran, das an langer Leine hinter dem Prahm lag, sie war sogleich bereit, sich hinüberbringen zu lassen zur Holzbrücke.

Nach ihr stieg auch Sven ein und setzte sich neben sie und legte wie selbstverständlich einen Arm um ihre Schulter. Der Außenbordmotor lief regelmäßig; während der Fahrt tauchte Stella eine Hand ins Wasser. Sie duldete es, daß Sven eine Handvoll Wasser schöpfte und auf ihren Rücken tropfen ließ.

An der Brücke anzulegen war nicht möglich, denn überall hatten die kleinen Optimist-Jollen festgemacht; ihre Regatta sollte ein Höhepunkt des Strandfestes werden. Wir fuhren einfach auf den Strand zu, und Sven sprang hinaus und ging uns voraus zum Hotel, mit dem Eifer des erfolgreichen Boten.

Kellner trugen Stühle und Tische heraus, ein Getränkewagen wurde zu einem Platz unter einer windgezausten Kiefer manövriert. Quer über den sandigen Platz, von Stangen gehalten, waren Leitungen gespannt, an denen farbige Birnen baumelten. Ein kleiner aufgeworfener Hügel war für die Kapelle bestimmt. Auf eingeholten Seezeichen, die einen Schutzanstrich bekommen sollten, saßen alte Männer, sie sprachen wenig miteinander, sie begutachteten die Vorbereitungen für das Strandfest und entsannen sich wohl vorangegangener Feste. Keiner von ihnen erwiderte meinen Gruß.

Da Stella nicht zurückkehrte, ging ich ins Hotel.

Ein uniformierter Mann am Eingang konnte oder wollte mir nicht mehr sagen, als daß Frau Petersen telefoniert habe und dann auf ihr Zimmer gegangen sei. Sie wünschte, nicht gestört zu werden.

Ich fuhr allein zum Prahm zurück, wo sie mich bereits erwarteten und gleich nach unten schickten, um die Lage der Steine zu überprüfen. Es war nicht viel zu korrigieren. Nur ab und zu brachte ich den Greifer über einen Stein, signalisierte Frederik, in welche Richtung er bewegt und wo er abgesetzt werden sollte, nur einmal, als ich einen Findling verschwommen über mir sah, in den Zähnen des Greifers, gab ich kein Signal und brachte mich schnell in Sicherheit. Dieser Findling fand keinen vorgesehenen Platz, statt als Deckel, wie mein Vater es wollte, auf dem Wellenbrecher zu liegen, kippte er seitlich ab, überschlug sich, gelangte nicht zum Grund, sondern wurde von zwei gleich großen schwärzlichen Steinen festgeklemmt. Jetzt begutachteten Frederik und mein Vater das Ergebnis ihrer

Arbeit, und als einer von ihnen zum Strand zeigte und fragte: »Was meinst du?«, sagte der andere: »So wie damals kommt es nicht.« Er spielte auf ein Strandfest vor fünf Jahren an, als sich eine unverhoffte Dunkelheit über den Strand legte und Böen von See her die Dekorationen plünderten und die Boote im Hafenbecken gegen die Pier geworfen wurden.

Mit Frederiks Glas suchte ich das Hotel und das Strandcafé ab, es überraschte mich nicht, daß an einigen Tischen bereits Gäste saßen. In einem Fenster des hellgrünen Hotelgebäudes erkannte ich Stella, die immer noch ihren Badeanzug trug. Sie telefonierte; sie saß auf der Fensterbank und telefonierte und blickte dabei auf unsere Bucht hinaus, die in abendlicher Stille lag, bevölkert von Seevögeln, die in sanfter Strömung trieben.

Einmal sprang sie auf, machte ein paar Schritte ins Zimmer hinein, Schritte des Protestes, der Enttäuschung, dann kehrte sie auf ihren Platz zurück, und ich sah, daß sie den Hörer von sich weghielt, gerade so, als wollte sie nicht länger zuhören, als wollte sie sich ersparen, was man ihr da offenbar zumutete. Plötzlich legte sie den Hörer aus der Hand, saß eine Weile nachdenklich da, nahm ein Buch und versuchte zu lesen. Wie du da lesend saßest, Stella, mußte ich an eines dieser Fensterbilder denken, die den Betrachter einladen, über das Gezeigte hinwegzusehen und sich Vermutungen zu überlassen.

Ich behielt dich im Fernglas, bis Frederik mich anstieß und wiederholte, was mein Vater vor sich hin gesprochen hatte: Feierabend für heute.

Daß auch Herr Kugler in der Gedenkstunde sprechen sollte, war gewiß nicht vorgesehen, doch auf einmal war er vor dem Podium, verbeugte sich vor Stellas Photo und starrte sie so ausdauernd an, als wollte er sie in Erscheinung rufen. Er betupfte sein Gesicht mit einem weißen Taschentuch, er machte Schluckbewegungen, und dann wandte er sich mit einer hilflosen Geste an dich. »Warum, Stella«, fragte er, »warum mußte das geschehen?« Ich war nicht erstaunt, daß er sie duzte, daß er mit redlicher Erschütterung fragte: »Hat es keinen anderen Ausweg für dich gegeben?« Weder unser Direktor noch die anwesenden Lehrer zeigten sich verblüfft über diese unerwartete Vertraulichkeit in der Anrede, ihre Gesichter bewahrten diesen verlorenen Blick der Trauer.

Wie von selbst mußte ich da an unser Strandfest denken, an die Drei-Mann-Kapelle, die sich an heiteren, stimmungsvollen Melodien versuchte, und ich sah die Hirtshafener, die nur zögernd zu ihrem Strandfest kamen, neugierig, gespannt darauf, wie das Fest sich anließ.

Sie kamen durch den kleinen lichten Park herab, stapften durch den Ufersand, erst einmal darauf aus, zu erkunden, wer da alles erschienen war und wer fehlte, und nach schleppenden Begrüßungen strebten sie zu den freien Tischen und winkten den Kellnern. Bier wurde bestellt, auch Apfelsaft, und an dem Tisch, an dem drei Burschen in Takelblusen saßen, etwas Kurzes. Ich fand einen Platz neben einem alten Mann, der dösend in sein Bierglas starrte, in dem der Schaum langsam wegstarb. Wie zufrieden er war, nachdem ich ihm bestätigt hatte, daß ich der Junge von Wilhelm war, dem Steinfischer – mehr wollte er nicht wissen. Auf einmal spürte ich eine Hand auf meinem Rücken, hörte ein verhaltenes Kichern, die Hand unterbrach nicht das sachte Streicheln, gleichsam als wollte sie herausfinden, wann sie bemerkt wurde. Schnell drehte ich mich um und griff zu und hatte Sonja gepackt, das Kind unserer Nachbarn. Sie wand und bog sich, doch ich hielt sie fest und brachte sie zur Ruhe, indem ich ihr Kleid lobte, das Marienkäfer im Flug zeigte, und den kleinen geflochtenen Kranz aus Tausendschönchen, den sie auf dem Kopf trug. »Wirst du tanzen, Christian?« fragte sie. »Vielleicht«, sagte ich. »Auch mit mir?« »Was denn sonst?« sagte ich. Sie vertraute mir an, daß ihr Vater mit seiner Stechgabel zum Fest kommen würde, mit der fünfzackigen, damit manche glaubten, er sei ein Wassergott.

Als Stella im Hoteleingang erschien und die wenigen Stufen zum Strandcafé sehr langsam hinabstieg, verstummte an einigen Tischen das Gespräch, die Takelblusen wandten, wie an der Schnur gezogen, die Köpfe, und die Kapelle, als hätte Stella mit ihrem

Erscheinen ein Stichwort gegeben, spielte *La Paloma*. Ich brauchte ihr nicht zu winken, sie kam gleich auf uns zu, ich trug einen Stuhl heran und überließ es ihr, sich mit Sonja bekannt zu machen.

Sonja nippte nur an ihrem Fruchtsaft; als unten am Strand ein Feuer entzündet wurde, das einige ihrer Freunde mit Schwemmholz fütterten – nicht ganz trokkenes Holz, das knisterte und prasselte und mitunter einen Stiem von Funken entließ –, hielt es sie nicht mehr bei uns, sie mußte zum Feuer; sie mußte Äste und Kistenholz heranschleppen. »Ihre Nachbarin?« fragte Stella. »Meine kleine Nachbarin«, sagte ich, »unsere Väter arbeiten zusammen, beide sind Steinfischer.« Ich dachte daran, daß Stella den Wunsch geäußert hatte, die unterseeischen Steinfelder zu sehen, und ich fragte sie, wann wir gemeinsam hinausfahren wollten. »Jederzeit«, sagte sie. Wir verabredeten uns für den nächsten Sonntag.

Die elektrischen Birnen erloschen, flammten aber gleich wieder auf, erloschen abermals und warfen nach einem Augenblick wieder ihr Licht auf den Platz, der als Tanzfläche gedacht war. Dies Spiel mit dem Licht war ein Zeichen, war die Aufforderung, die hartgewalzte Tanzfläche zu erproben. Und kaum waren die ersten beiden Paare erschienen, da umklammerten mich zwei magere Arme, und nah an meinem Gesicht flüsterte Sonja: »Los, Christian, du hast es versprochen.« Wie leicht sie war, wie gelenkig, und wie eifrig sie bemüht war, mit eingelegten Hopsern meinen Schritt aufzunehmen. Ihr kleines Gesicht war ernst. Tanzten wir an unserem Tisch vorbei, dann winkte sie Stella zu, und Stella begleitete unseren Tanz mit anerkennenden Blicken. Einmal weigerte sich Sonja, mit mir unsern Tisch aufzusuchen, sie blieb allein auf der Tanzfläche, und sie tanzte allein, so gelöst, so hingebungsvoll, daß einige der Takelblusen, die von ihrer Seefahrtsschule auf der Nachbarinsel herübergekommen waren, ihr Beifall klatschten. Anscheinend war sie aber mit ihrem eigenen Tanz nicht zufrieden, oder glaubte, noch etwas lernen, uns absehen zu müssen, denn als ich mit Stella tanzte, hockte sie sich hin und schaute uns sehr aufmerksam zu, sie schien unsere Schritte zu zählen, sich unsere Drehungen einzuprägen, mitunter sprang sie auf und wiederholte eine Bewegung, eine Trennung, ein Wiederfinden. Sie wartete, sie wartete darauf, daß ich meinen Tanz mit Stella beendete, ab und zu signalisierte sie mir ihre Ungeduld, indem sie mit flacher Hand auf den Boden klatschte oder etwas in die Luft schrieb, einen Trennungsstrich. Wir, Stella und ich, trennten uns noch nicht, erst als wir bemerkten, daß Sonja schluchzte, nahmen wir sie an die Hand und brachten sie an unseren Tisch, wo Stella sie auf ihren Schoß hob und tröstete mit dem Versprechen, auch einmal mit ihr zu tanzen.

Die Kapelle machte eine Pause, und auf ein Kommando erhoben sich die Takelblusen und formierten sich auf der Tanzfläche zu einer Reihe, von einer Bootsmannspfeife angetrieben. Einer von ihnen entrollte ein Seil, so, daß jeder in der Reihe es fassen konnte. Einen Augenblick standen sie bewegungslos da, dann krümmten sie sich, neigten sich einander zu, ihre Beine machten einen Stemmschritt, man mußte glauben, sie böten all ihre Kräfte auf, um ein mächtiges Gewicht zu lüften. Erst als sie sangen, wurde erkennbar, daß es nur ein Spiel war, es war ein dunkler, rhythmischer Gesang, der etwas Antreibendes hatte, er schien ihre Kräfte zusammenzufassen, zu lenken, und unwillkürlich mußte man annehmen, daß sie vorführten, wie ein Segel gehißt wurde, ein schweres Großsegel. Nach dieser Einlage mimten sie Erschöpfung, gruppierten sich zu einem Kreis und sangen zwei bekannte Shanties, die unsere Leute in Hirtshafen mitsangen. Kellner brachten ihnen Bier, das ein Unbekannter spendiert hatte.

Wie auf jedem Strandfest bei uns erschien auch diesmal der heimische Wassergott, der Krakenmann genannt wurde. Sonjas Vater kam vom Wasser herauf, er trug seine Aalstechgabel, Hemd und Hose klebten an seinem Körper, und sein Nacken war mit Seetang bekränzt. Er wurde mit Beifall empfangen und mit vorgegebenem Respekt. Wenn er seine Gabel, die er wie ein Zepter trug, in den Boden stieß, flohen Kinder zu ihren Eltern. Brummlaute ausstoßend, starrte er düster in die Runde, und ich wußte: Jetzt sucht er sie, jetzt sucht er das Mädchen, das er zur Meerfrau ernennen würde, und dann ging er mit schleifenden Schritten von Tisch zu Tisch, lächelte, streichelte, prüfte, verbeugte sich mit Bedauern, wenn er ein Mädchen nicht wählte. An unserm Tisch ging er zunächst vorüber, doch auf der Tanzfläche wandte er sich plötzlich um, starrte, schlug sich vor die Stirn, kehrte hastig zurück und verbeugte sich vor Stella. Er bot ihr seinen Arm an. Er führte sie zur Tanzfläche, gerade so, als wollte er sie zur Besichtigung freigeben oder auch seine Wahl rechtfertigen. Und du, Stella, fügtest dich heiter: Als er dich um die Hüften faßte und drehte, als er etwas Seetang von seinem Nacken nahm und dich schmückte, als er deinen Kopf herabzog und dich auf die Stirn küßte – für alles zeigtest du ein belustigtes Einverständnis. Nur als er dich zum Strand ins Wasser führen wollte, versteiftest du dich und wandtest dich erfreut Sonja zu, die auf dich zulief und sich an dich schmiegte.

Sonja zog Stella an unseren Tisch, und nachdem ich Cola und Cola-Rum bestellt hatte, fragte Sonja, was sie anscheinend wissen mußte: ob Stella einen Mann hätte und warum der nicht hier sei, ob sie tatsächlich Lehrerin sei – Christian habe es ihr beim Tanzen gesagt – und ob sie streng sei; schließlich wollte sie auch wissen, wie Stella die Leute in Hirtshafen gefielen. Stella antwortete geduldig, selbst auf die Frage, ob ich versetzt werden würde. Sie sagte: »Christian schafft es, wenn er sich Mühe gibt, schafft er viel.« Als Sonja darauf erklärte: »Christian ist mein Freund«, strich Stella ihr übers Haar, mit einer Sanftheit, die mich bewegte.

Als die Kapelle sich an *Spanish Eyes* versuchte, wagten sich auch einige Takelblusen auf die Tanzfläche, und ein schwerer blonder Bursche, der sich in unserer Nachbarschaft nur Körbe geholt hatte, kam mit unsicheren Schritten an unseren Tisch, deutete eine Verbeugung an und forderte Stella auf. Er schwankte, er mußte sich an der Tischplatte festhalten. Stella schüttelte den Kopf und sagte leise: »Nicht heute«, worauf der Bursche sich reckte und sie aus schmalen Augen musterte, seine Lippen zitterten; wie schnell ein Ausdruck von Feindseligkeit auf seinem Gesicht entstand. Und dann sagte er: »Nicht mit uns, was?« Ich wollte aufstehen, doch er drückte mich nieder, ließ seine schwere Hand auf meiner Schulter liegen. Ich blickte auf seine nackten Zehen, wollte schon meinen Fuß heben, als Stella aufsprang und mit ausgestrecktem Arm auf seine Kameraden deutete: »Gehen Sie, man erwartet Sie«, und der Bursche stutzte, blies einmal seine Backen auf, und mit einer wegwerfenden Handbewegung trottete er davon. Stella setzte sich und trank einen Schluck, das Glas zitterte in ihrer Hand; sie lächelte, sie schien erstaunt über die Wirkung ihrer Zurechtweisung, vielleicht amüsierte sie sich auch über ihren erfolgreichen Auftritt. Plötzlich aber stand sie auf und verabschiedete sich mit einer flüchtigen Liebkosung von Sonja und ging auf den Hoteleingang zu, in der Gewißheit, daß ich ihr folgte. Am Empfang ließ sie sich ihren Zimmerschlüssel geben. Sie erklärte nichts. Du sagtest lediglich: »Ich freue mich auf Sonntag, Christian.«

Die beiden Jungen, die verspätet in die Aula kamen, waren gewiß Fahrschüler, vielleicht hatten sie ihren Bus verpaßt, vielleicht hatte der Bus Verspätung, sie standen auf einmal im Eingang, zwei aschblonde Schüler in frischgewaschenen Hemden, jeder von ihnen trug einen kurzstieligen Strauß. Wie rücksichtsvoll sie sich nach vorn drängten. Traf sie ein zurechtweisender Blick, legten sie einen Finger auf die Lippen oder entschuldigten sich mit einer beschwichtigenden Geste. Einer von ihnen war Ole Niehus, der die Regatta der Optimist-Jollen bei unserem Strandfest gewonnen hatte, Ole, dieser freundliche Kloß, dem wohl keiner den Sieg zugetraut hatte. Vor Stellas Photo legten sie ihre Sträuße hin, deuteten eine Verbeugung an und mischten sich, rückwärts gehend, unter die Mitglieder des Schülerchors, Ole so selbstzufrieden, als hätte er auch hier einen Preis gewonnen.

Wie er in seine Jolle stieg, da sah es schon so aus, als würde er nicht einmal die Startlinie erreichen, sein aus Kistenholz gezimmertes Gefährt schwankte, krängte, daß es beinahe Wasser übernahm. Im Vergleich zu den anderen jungen Seglern hatte Ole Mühe, von der Holzbrücke loszukommen, an der alle festgemacht hatten. Zum Tag der Regatta hatte es aufgefrischt. Unsere *Katarina*, dies alte Ausflugsschiff, das mein Vater mir erlaubt hatte zu führen, lag schon bereit, das Wettkampfgericht, drei weißgekleidete Männer, jeder mit einem Fernglas vor der Brust, kam an Bord, und bevor wir ablegten, erschien Stella auf der Brücke, Stella in ihrem Strandkleid, unter dem sie den grünen Badeanzug trug. Sie bat mich mit gespielter Förmlichkeit um Erlaubnis, die Regatta von unserer *Katarina* aus zu beobachten, ich half ihr auf den hohen Sitz hinter dem Steuerrad. Gelb und braun und schwarz, piratenschwarz: So segelte die leichte Armada zur Startlinie, der Wind schüttelte sie, stellte den kleinen Seglern Aufgaben. Einer vom Wettkampfgericht schoß eine Leuchtkugel, die vertroff, bevor sie ins Wasser fiel, treibende Seevögel stiegen lärmend auf, flogen ihre Runde und ließen sich, immer noch lärmend, nieder. Plötzliche Fallböen drückten auf die Segel, es war nicht leicht, Kurs zu halten auf die Wendebojen, mitunter schlugen die Segel so heftig, daß ein knallendes Geräusch über das Wasser hallte.

Nein, es war kein stetes, ebenmäßiges Gleiten, kein Wettkampf in der Stille, der Wind schien die Jollen ungleich zu begünstigen; für einen zeigte sich ein Ende bereits an der ersten Boje, für Georg Bisanz,

Stellas Lieblingsschüler, der die Wendemarke zu kurz annahm, gegen die Boje schrammte, so daß das Segel zu flattern begann, der Mast sich umlegte und die Jolle, die einem Trog glich, kenterte – nicht dramatisch, sondern eigentümlich ruhig und sachlich.

Georg tauchte unter dem Segel hervor, das sich flach aufs Wasser gelegt hatte, er packte den Mast, er versuchte, das Segel aufzurichten, indem er sich geschickt abstemmte gegen den Körper der Jolle, doch er schaffte es nicht. Er schaffte es nicht. Ich steuerte die *Katarina* an die Unfallstelle heran; als müßte sie mir beistehen, legte Stella eine Hand auf meine Hand, die das Steuerrad hielt, und nah zu mir gebeugt sagte sie: »Näher, Christian, wir müssen näher heran.« Georg gab den Versuch auf, das Segel aufzurichten, er versank für einen Augenblick, tauchte auf und stieß beide Arme in die Luft, ein Mann vom Wettkampfgericht hob einen der rotweißen Rettungsringe aus der Halterung und schleuderte ihn zu Georg hin, der Ring fiel auf das Segel, blieb schwappend darauf liegen. Bei dem Versuch, ihn zu erreichen, geriet Georg unter das Segel. Unsere *Katarina* schwojte nur leicht bei gestopptem Motor, die Männer vom Wettkampfgericht machten verschiedene Vorschläge, Stella entschloß sich, auf ihre Art zu handeln. Du warfst das Strandkleid ab, zogst die Leine von der Trommel im Heck ab und hieltest mir das Ende hin: »Los, Christian, bind mich fest.« Sie stand vor mir mit geöffneten Armen und sah mich auffordernd an, ich schlang das Seil um ihre Hüften, ich zog ihren Körper fest an mich, Stella legte mir beide Hände auf die Schultern, ich war versucht, sie zu umarmen, glaubte an ihrem Blick zu erkennen, daß sie darauf wartete, einer vom Wettkampfgericht rief: »Los, ans Fallreep, man los!« Ich führte dich, Hand in Hand, ans Fallreep, wo du gleich ins Wasser stiegst, einmal untertauchtest und dann, während ich Leine nachsteckte, zu Georg schwammst mit kräftigen Kraulzügen. Wie entschlossen sie sich von ihm befreite, als er sich hochwarf und sie umklammerte, mit beiden Armen umklammerte, Georg schien sie mit sich ziehen zu wollen unter das flach liegende Segel, doch zwei Schläge an den Hals und in das Genick reichten aus, daß sein Griff sich löste; er gab sie frei. Stella packte seinen Hemdkragen und gab mir ein Signal, und ich zog die Leine an, zog fest und stetig und brachte sie so nah ans Fallreep heran, daß wir Georg an Bord heben konnten. Stella schwamm zur Jolle zurück und schlang die Leine um eine Ducht, fest genug, um die Jolle abschleppen zu können.

Der Sprecher des Wettkampfgerichts – in Hirtshafen kannte jeder den bärtigen Mann, der das größte Geschäft für Schiffsausrüstungen an der Küste besaß – sprach Stella seine Anerkennung aus und lobte ihre Art, wie sie Georg in Sicherheit gebracht hatte.

Dort, wo die Kleinen standen, an der Fensterfront,

nahm die Unruhe zu, Herr Pienappel, unser Musiklehrer, trat vor den Schülerchor, auf ein Zeichen von Herrn Block trat er wieder zurück. Herr Block legte den Kopf schräg, schloß für einen Augenblick die Augen, dann ließ er seinen Blick über die versammelten Schüler schweifen und forderte sie mit ruhiger Stimme auf, ihrer nun gemeinsam zu gedenken, unserer Frau Petersen, die unvergessen bleiben soll. Mit gesenktem Gesicht starrte er auf dein Photo, Stella; auch die meisten von uns senkten das Gesicht, nie zuvor herrschte in unserer Aula solch ein Schweigen, das die meisten ergriff. In diesem Schweigen aber hörte ich den Ruderschlag.

Da der Außenbordmotor am Schlauchboot nicht mitmachte, nahmen wir unser Dingi, um zu dem unterseeischen Steinfeld hinauszufahren; Stella bestand darauf, zu rudern. Wie gleichmäßig sie die Ruder durchzog; sie war barfuß, stemmte sich an einem Bodenholz ab, ihre glatten Schenkel waren leicht gebräunt von der Sonne. Ich dirigierte sie an der Vogelinsel vorbei, erstaunt über ihre Ausdauer, ich bewunderte sie, wenn sie sich weit zurücklegte und die Ruderblätter ausbrachte; gleich hinter der Vogelinsel erfaßte uns ein Windstoß, sie parierte ihn geschickt, konnte es aber nicht verhindern, daß das Dingi zurückgeworfen wurde gegen den Strand und auf einen Wurzelstubben auflief.

Wir kamen nicht frei; auch als ich versuchte, uns

mit einem Ruder freizustaken, kamen wir nicht frei. Wir mußten aussteigen. Das Wasser war kniehoch, wir wateten an den Strand, Stella hielt ihre Strandtasche über dem Kopf. Sie lachte, unser Mißgeschick schien sie zu belustigen. Du warst immer lachbereit, auch in der Klasse, beim Unterricht, besondere Fehler amüsierten sie, sie spann sie aus und gab uns zu bedenken, zu welchen unterhaltsamen oder folgenreichen Konsequenzen Fehler in einer Übersetzung führen können. Der Wind nahm zu, es begann zu regnen. »Und nun, Christian?« fragte sie. »Laß uns …« »Ein andermal«, sagte sie, »zu den Steinen fahren wir ein andermal.«

Ich kannte die mit Schilf verkleidete, mit Wellblech gedeckte Hütte des alten Vogelwarts, der hier manchen Sommer verbracht hatte. Die Tür hing in den Angeln, auf dem eisernen Herd standen ein Topf und ein Trinkbecher aus Aluminium, die selbstgezimmerte Liege war mit einer Seegrasmatratze bedeckt. Stella setzte sich auf die Liege, steckte sich eine Zigarette an und musterte das Innere der Hütte, den Schrank, den zerkerbten Tisch, die geflickten Gummistiefel, die an der Wand baumelten. Was sie sah, schien sie zu erheitern. Sie sagte: »Man wird uns doch wohl hier finden?« »Sicher«, sagte ich, »sie werden uns suchen, sie werden das Dingi entdecken und uns heimholen, mit der *Katarina.*« Der Regen wurde stärker, prasselte auf das Wellblechdach, ich suchte zurückgelassene

Holzstücke zusammen und machte Feuer im Herd, Stella summte leise, es war eine Melodie, die ich nicht kannte, sie summte sie für sich, wie absichtslos, jedenfalls nicht, damit ich sie hören sollte. Über der See, noch fern von uns, rissen Blitze, ich linste immer wieder hinaus, in der Hoffnung, die Lichter der *Katarina* zu entdecken, doch in der Trübnis über dem Wasser zeigte sich nichts. Ich schöpfte Regenwasser aus einer Tonne, die vor der Hütte stand, ich stellte den alten Kessel auf den Herd und goß dann Kamillentee auf, den ich im Schrank fand. Bevor ich Stella den Aluminiumbecher brachte, trank ich selbst ein paar Schlucke. Du nahmst den Becher lächelnd entgegen, wie schön du warst, als du mir dein Gesicht so nah hobst. Da mir nichts anderes einfiel, sagte ich »Tea for two«, und du darauf, mit der Nachsicht, die ich kannte: »Ach, Christian.« Stella bot mir eine Zigarette an und klopfte auf die Kante der Liege, als Aufforderung, mich zu setzen. Ich setzte mich neben sie. Ich legte eine Hand auf ihre Schulter und spürte das Verlangen, ihr etwas zu sagen, gleichzeitig hatte ich nur den Wunsch, die Berührung dauern zu lassen, und dieser Wunsch hinderte mich daran, ihr anzuvertrauen, was ich empfand. Aber dann erinnerte ich mich, was sie mir als Lektüre für die Sommerferien empfohlen hatte, und ich fand nichts dabei, *Animal Farm* zu erwähnen und sie zu fragen, warum sie gerade diesen Titel aufgegeben hatte. »Ach, Christian«, sagte sie wiederum, und mit nachsichtigem Lächeln: »Es wäre vorteilhaft, wenn Sie selbst darauf kämen.« Ich war nahe daran, mich für meine Frage zu entschuldigen, denn mir wurde klar, daß ich sie in diesem Augenblick zu meiner Lehrerin gemacht hatte, ich hatte ihr die Autorität zuerkannt, die sie in der Klasse besaß; hier aber hatte meine Frage einen anderen Wert, und auch meine Hand auf ihrer Schulter hatte in dieser Situation eine andere Bedeutung, als sie es an einem anderen Ort gehabt hätte, hier hätte Stella meine Hand als einen Versuch verstehen können, sie nur zu besänftigen, zu beruhigen, und sie duldete es auch, als meine Hand sanft über ihren Rücken fuhr; auf einmal jedoch warf sie den Kopf zurück und sah mich überrascht an, gerade so, als hätte sie unerwartet etwas gespürt oder entdeckt, womit sie nicht gerechnet hatte.

Du lehntest deinen Kopf an meine Schulter, ich wagte nicht, mich zu bewegen, ich überließ dir meine Hand und fühlte nur, wie du sie an deine Wange hobst und sie dort ruhen ließest für einen Augenblick. Wie verändert Stellas Stimme klang, als sie plötzlich aufstand und nach draußen ging, an den Strand, wo sie versuchte, unser zur Seite gekipptes Dingi aufzurichten, aber es nicht schaffte, dann, nach kurzem Bedenken, die immer bereitliegende Dose nahm und begann, Wasser auszuschöpfen. Sie schöpfte so eifrig, daß sie nicht das Licht bemerkte, das sich dem Strand näherte, das Buglicht unserer *Katarina*. Nicht mein Vater, Frederik stand am Steuer und brachte die *Katarina* so nah an den Strand heran, daß wir hinauswaten konnten. Er half uns, an Bord zu kommen. Er sagte nicht viel, nur als ich Stella meine Windjacke umlegte, bemerkte er: »Das wird helfen.«

Kein Vorwurf, keine Erleichterung, uns gefunden zu haben, schweigend nahm er Stellas Bitte auf, sie zur Brücke vor dem *Seeblick* zu bringen, mich fragte er nicht, wohin ich wollte, ob nach Hause oder auch zur Brücke.

Stella forderte mich nicht auf, sie zu begleiten, sie setzte einfach voraus, daß ich mit ihr ging, und das tat sie auch im Hotel, wo niemand am Empfang war. Ohne zu zögern, nahm sie ihren Schlüssel vom fast leeren Schlüsselbrett und nickte mir zu und ging mir voraus zur Treppe und über den Flur zu ihrem Zimmer, das zur Seeseite hin lag.

Ich setzte mich ans Fenster und blickte hinaus in die Dämmerung, während sie sich im Badezimmer umzog und dabei das Radio einschaltete, summend begleitete sie Ray Charles. Sie trug einen leichten blauen Rollkragenpullover, als sie wieder erschien, sie kam gleich zu mir und wischte mir übers Haar und beugte sich dann zu mir und versuchte, meinen Blick aufzunehmen. Unsere *Katarina* war nicht mehr zu sehen. Du sagtest: »Das Schiff ist wohl auf dem Heimweg«; und ich: »Es ist nicht sehr weit bis zu uns.« »Und zu Hause«, fragte sie besorgt, »wird man

Sie nicht vermissen zu Hause?« »Frederik wird ihnen erzählen, was sie wissen wollen«, sagte ich, »Frederik arbeitet für meinen Vater.« Sie lächelte, vermutlich empfand sie ihre Besorgnis als unangebracht oder sogar als verletzend, weil sie mich an mein Alter erinnerte, sie streifte einen Kuß an meiner Wange ab und bot mir eine Zigarette an. Ich lobte ihr Zimmer, und sie stimmte in mein Lob ein, lediglich das Bettzudeck schien ihr zu schwer zu sein, sie glaubte, nachts Atemschwierigkeiten zu bekommen. Sie hob das Zudeck einmal kurz an, und dabei fiel ein glühendes Klümpchen auf das Laken, worauf sie einen kleinen Schreckenslaut ausstieß und die Brandstelle mit der flachen Hand zudeckte. »My God«, flüsterte sie, »oh my God.« Sie deutete auf den kleinen schwarzgeränderten Brandfleck, und da sie ihren Selbstvorwurf wiederholte, umarmte ich sie und zog sie an mich. Sie war nicht erstaunt, sie versteifte sich nicht, in ihren sehr hellen Augen lag ein träumerischer Ausdruck, vielleicht war es auch nur Müdigkeit, du neigtest mir dein Gesicht zu, Stella, und ich küßte dich. Ich spürte ihren Atem, den leicht beschleunigten Atem, ich spürte die Berührung ihrer Brust, ich küßte sie noch einmal, und jetzt löste sie sich aus meiner Umarmung und bewegte sich ohne ein Wort zum Bett. Sie wollte nicht, daß ihr Kopf in der Mitte des Kopfkissens lag, es war ein breites, geblümtes Kopfkissen, das Platz für zwei bot, mit einer beherrschten Bewegung warf sie sich auf und gab die Hälfte des Kopfkissens frei oder trat sie mir ab, ohne ein Zeichen, ohne ein Wort, dennoch bewies mir das Kopfkissen eine unübersehbare Erwartung.

Daß empfohlenes oder angeordnetes Schweigen unterschiedlich ertragen wird, konnte man an den Gesichtern in unserer Aula ablesen; die meisten Schüler suchten nach einer Weile Blickkontakt zu ihren Nebenleuten, einige traten auf der Stelle, ein Junge betrachtete sein Gesicht in einem Taschenspiegel, einen sah ich, dem es anscheinend gelungen war, stehend einzuschlafen, ein anderer starrte mitunter auf seine Uhr. Je länger das Schweigen dauerte, desto deutlicher wurde es, daß es für etliche zu einer Aufgabe wurde, diese Zeit zu durchstehen oder ohne Folgen hinter sich zu bringen. Ich sah auf dein Photo, Stella, ich stellte mir vor, wie du auf das empfohlene Schweigen reagieren würdest, wenn du es könntest.

Es war kein doppelter Abdruck, den das Kopfkissen bewahrte, einmal wandten sich unsere Gesichter einander zu, kamen einander so nahe, daß nur ein einziger größerer Abdruck zurückblieb. Stella schlief, als ich aufstand, zumindest glaubte ich es, behutsam nahm ich ihren Arm, der entspannt auf meiner Brust lag, und hob ihn aufs Zudeck; sie seufzte, sie hob nur ein wenig ihren Kopf und blinzelte mich an, lächelnd, fragend, ich sagte: »Jetzt muß ich gehen.« Sie fragte: »Wie spät ist es?« Ich wußte es nicht, ich sagte nur:

»Es wird hell, zu Hause warten sie wohl auf mich.« An der Tür blieb ich stehen, ich dachte, daß etwas gesagt werden müßte, zum Abschied oder im Hinblick auf das, was nun vor uns lag, in der Schule, in unser beider Alltag, ich unterließ es, weil ich es vermeiden wollte, etwas Endgültiges zu äußern oder was Stella als etwas Endgültiges auffassen könnte, ich wollte nicht, daß etwas aufhörte, das so unvermutet begonnen hatte und wie von selbst nach Dauer verlangte. Als ich die Tür öffnete, sprang sie aus dem Bett, barfuß kam sie zu mir, sie umarmte mich und hielt mich fest in ihrer Umarmung. »Wir sehen uns wieder«, sagte ich, »bald.« Sie schwieg, und ich sagte noch einmal: »Wir müssen uns wiedersehen, Stella.« Zum ersten Mal hatte ich sie bei ihrem Vornamen genannt, sie schien nicht erstaunt zu sein; sie nahm es ganz selbstverständlich an, und wie um mir ihr Einverständnis zu zeigen, sagte sie: »Ich weiß nicht, Christian, auch du mußt dir nun überlegen, was besser ist für uns.« »Aber wir können uns doch wiedersehen.« »Wir werden es«, sagte sie, »zwangsläufig, doch es kann nicht so sein wie früher.« Ich wollte sagen: Ich liebe dich, Stella! Doch ich sagte es nicht, denn ich mußte in diesem Augenblick an einen Film mit Richard Burton denken, der bei einem Abschied von Liz Taylor die gleichen, sattsam bekannten Worte gebrauchte, ich streichelte ihre Wangen, und am Ausdruck ihres Gesichts erkannte ich, daß sie nicht bereit oder in der Lage war, auf meinen Vorschlag einzugehen. Ich knöpfte mein Hemd zu, warf mir die Windjacke über, die Stella über eine Stuhllehne gehängt hatte, und sagte – und bereits auf dem Flur ging mir auf, wie kümmerlich mein Abschiedssatz war –: »Anklopfen, das darf ich doch bei dir.«

Ich ging nicht, ich sprang die Treppe hinab, ein Gefühl, das ich bisher nicht gekannt hatte, erfüllte mich, das Empfangspult war jetzt besetzt, dem Mann, der mich verblüfft anblickte, wünschte ich ein vielleicht zu fröhliches »Guten Morgen«, denn er erwiderte meinen Gruß nicht und starrte mir nur grübelnd nach, wie ich zum Strand ging. Mit dem hallenden Klopfen eines Dieselmotors lief ein Fischkutter aus, umschwärmt von Heringsmöwen; die See war ruhig. Ich ging zu dem Platz, wo die eingeholten Seezeichen lagen und auf die Säuberung und Lackierung warteten, hier setzte ich mich und blickte zurück zum Hotel und sah sogleich Stella am Fenster ihres Zimmers. Sie winkte, ihr Winken wirkte erschöpft, einmal breitete sie die Arme aus, als wollte sie mich auffangen, dann verschwand sie, vermutlich wurde sie an der Tür verlangt.

Gernot Balzer, mein Klassenkamerad, unser As im Bodenturnen, stieß mich an und machte mich auf Herrn Kugler aufmerksam, der nicht mehr schluchzte, sondern sich mit einem rotblauen Taschentuch Hals und Nacken rieb. Der wohl zerstreuteste Kunsterzieher, den es an einer Schule gab, betrachtete sein Taschentuch danach so ausgiebig, als gäbe es da etwas zu entdecken. Gernot flüsterte mir zu: »Ich hab sie beobachtet, ihn und Frau Petersen«, und flüsternd teilte er mir mit, was er gesehen hatte, am Strand, bei den drei Kiefern. Beide sollen da gelegen haben in ihren Badeanzügen, beide lasen; Gernot vermutete, daß er ihr auch etwas vorlas, ich war sicher, daß es ein Kapitel aus seinem Kokoschka-Buch war, an dem er arbeitete; uns hatte er bereits mit einigen Hauptsätzen bekannt gemacht. Sehen heißt für den Maler: in Besitz nehmen. So zerstreut er oft in der Klasse war, so planvoll erzog er seine vier Kinder. Einmal sah ich Kugler, der Witwer war, mit seinen Kindern im Speisesaal des *Seeblick*, sie hatten kaum einen Tisch besetzt, da bestellte er für alle Fischfrikadellen und Apfelsaft und gleichzeitig Papier und Farbstifte, die hier immer bereitlagen für ungeduldige Touristenkinder, und noch bevor sie aßen, stellte er ihnen die Aufgabe, eine Vase zu zeichnen, nicht im Profil, sondern von oben in die Öffnung hinein. Die Vorstellung, daß auch er einmal ein Kopfkissen mit Stella geteilt haben könnte, wollte mir nicht gelingen.

Wer weiß, was er mir zutraute, worauf er aus war, als er an einem Sonntagmorgen bei uns erschien; ich hatte den Prahm gesäubert und war im Schuppen, um das Tauwerk zu überprüfen, da hörte ich seine Stimme. Er sprach mit meinem Vater, der nicht allzu freundlich seine Fragen beantwortete, der vermutlich nur deshalb sprach, weil Herr Kugler sich als mein Lehrer vorgestellt hatte. Herrn Kugler war aufgefallen, daß die Steine, die wir zwischen Schuppen und Strand abgesetzt hatten, an sonderbare Wesen erinnerten – was er ihnen absah, sprach für seine Phantasie: Eine Kaulquappe wollte er entdeckt haben, einen Pinguin, ein Monsterei, sogar einen Buddha. Mein Vater hörte ihn ruhig an, lachte mitunter, dachte sich wohl sein Teil.

Herr Kugler war nicht überrascht, als ich aus dem Schuppen herauskam; wie er sagte, wollte er sich nur einmal umsehen bei uns, doch die Art, wie er mich musterte, diese kalte, abwägende Prüfung, ließ mich daran zweifeln.

Je länger ich dein Photo betrachtete, Stella, desto geheimnisvoller schien es sich zu beleben, manchmal glaubte ich, du zwinkertest mir zu in wortlosem Einverständnis, so, wie ich es erwartet hatte in der ersten Englischstunde nach den Sommerferien. Ja, Stella, ich hatte erwartet, daß wir uns auf geheime, auf unbemerkbare Weise verständigten in der Klasse; als du den Raum betratest und wir uns erhoben, war wohl keiner so gespannt wie ich. »Good Morning, Mrs. Petersen.« Ich war unruhig. Stella trug eine weiße Bluse und einen schottisch gemusterten Rock, wie so oft trug sie auch das dünne goldene Halskettchen, an dem ein goldenes Seepferdchen hing. Ich suchte ihren Blick, doch sie übersah mich, strafte mich fast gleichgültig. Es wunderte mich nicht, daß sie uns gleich zu Beginn der Stunde ermunterte zu erzählen, wo wir unsere Ferien verbracht hatten und was uns besonders aufgefallen war – dies hatte sie auch im vergangenen Jahr getan. »Try to express yourselves in English.« Da keiner sich meldete, forderte sie Georg Bisanz auf, ihren Lieblingsschüler, und der war gleich bereit, Auskunft zu geben über die verbrachten Sommerferien, ließ also die Armada der Optimist-Jollen von der Landungsbrücke ablegen zum Hirtshafener Cup und erwähnte seinen »accident«. Stella schlug vor, von »misfortune« zu sprechen. Während Georg noch sprach, suchte und sammelte ich Wörter, mit denen ich mein wichtigstes Ferienerlebnis hätte umschreiben können, doch ich wurde nicht aufgefordert, Stella sagte nicht: »But now we want to listen to Christian.« Sie ließ es genug sein mit Georgs Bericht, sie wollte wissen, was wir über das Leben von George Orwell herausgefunden hatten, dessen Roman *Animal Farm* uns demnächst beschäftigen würde. Ich war entschlossen, mich nicht zu melden, ich sah auf ihre Beine, fühlte noch einmal ihren schlanken Körper, der neben mir lag und den ich umarmt hatte, ich konnte nicht vergessen, was geschehen war, die Erinnerung, die wir teilten, wollte bestätigt werden durch eine Geste, durch einen Blick, so in ihrer Nähe hatte ich das Bedürfnis, nicht allein zu sein mit meiner

Erinnerung. Sie schien nicht verblüfft, als ich mich meldete, sie fragte: »Ja, Christian?«, und ich erzählte, was ich herausgefunden hatte über den Autor: seine Zeit bei der Polizei in Burma, seinen Abschied aus Protest gegen gewisse Methoden der Regierung, die kümmerlichen Jahre in London und Paris. Bei meinen frisch erworbenen Auskünften lag ein seltsamer Glanz in ihren Augen, ein Glanz des Wiedererkennens oder des unwillkürlichen Erinnerns, es war nicht allein Belobigung, sondern auch Zustimmung, die ich wahrzunehmen glaubte, und als sie an meinen Platz kam, vor meinem Tisch stehenblieb, erwartete ich, daß sie mir eine Hand auf meine Schulter legen würde – ihre Hand auf meine Schulter –, doch sie tat es nicht, sie wagte es nicht, mich zu berühren. Ich aber stellte mir vor, daß sie es täte, und ich stellte mir auch vor, daß ich aufstand und sie küßte zum Erstaunen der Klasse, und vielleicht nicht nur zum Erstaunen der ganzen Klasse, ich hielt es für möglich, daß einige dieser Burschen, von denen ich wußte, daß sie eine Flamme hatten, mit zustimmendem Lachen oder sogar mit Beifall reagierten; bei meinen Klassenkameraden mußte man auf kuriose Reaktionen gefaßt sein.

Auch nach der Stunde, auf dem Korridor, gingst du an mir vorbei, ohne den Blick zu heben, ich glaubte sogar, deinen Unwillen darüber zu spüren, daß ich versuchte, mich bemerkbar zu machen, indem ich aus dem Kreis der Klassenkameraden heraustrat. Auf dem

Schulhof – vielleicht hatte sie Pausenaufsicht – saß sie allein auf der grünen Bank, brütend, jedenfalls uninteressiert an dem Fangspiel der Kleinen, an ihren ewigen Rangeleien.

Noch bevor unser Schulchor abermals sang, setzte draußen auf der Straße die Drehorgel ein, die Kleinen an den offenen Fenstern mußten sofort zum Spieler und zu seinem Instrument hinabschauen, sie bedrängten sich, stießen einander, einige winkten dem Mann zu, der *Muß i denn, muß i denn zum Städtele hinaus* spielte. Herr Kugler nickte mir auffordernd zu, ich folgte ihm auf den Korridor und die Treppe hinab nach draußen, der Mann mit der Drehorgel stand unter einer Kastanie, ein kleinwüchsiger Mann mit geröteten Augen. Daß Herr Kugler ihn bat, mit seinem Instrument weiterzuziehen, in eine Nebenstraße, die zum Fluß führte, konnte er nicht verstehen, auch als Herr Kugler ihn darauf hinwies, daß er eine Gedenkstunde störte mit seinen Melodien, wollte er sich nicht entfernen, er sagte, daß in seinem gemischten Programm etwas für alle Stimmungen dabei sei, auch schöne traurige Stücke. Herr Kugler überhörte diesen Hinweis, mit den Worten: »Bitte, verschwinden Sie!« legte er ein Zweimarkstück in die kleine Blechschale, die auf dem Instrument stand. Der Mann dankte ihm nicht, träge bewegte er sich zu der niedrigen Mauer, die um unseren Schulhof lief, setzte sich und rauchte.

Ich warf die erste Münze bei der Fahrt »Rund um

die Vogelinsel«, ich steuerte unsere *Katarina*, an Bord waren Feriengäste aus dem *Seeblick* und ein paar Jungen aus der Hirtshafener Bande, barfuß, nur mit Badehose bekleidet. Auch sie war an Bord, Stella, lässig und schön saß sie auf der Heckbank. Als sie einstieg, hatten wir uns lediglich mit einem flüchtigen Handschlag begrüßt. Sonja saß neben ihr und sah sie bewundernd an und befingerte Stellas goldenes Handkettchen. Die Leinen brauchte ich nicht selbst einzuholen, die Jungen, die gebettelt hatten, mitgenommen zu werden, standen schon bereit, und sie bewiesen ihre Geschicklichkeit, als sie auf mein Handzeichen beide Leinen loswarfen. Der Dunst hatte sich längst gehoben, ein schwaches Glitzern lag über der See, und dort, wo die Sonne den sandigen Grund erreichte, der geriffelt war von der Bewegung vergangener Wellen, schimmerte es gelbbraun herauf. Wir drehten ab, und einige der älteren Passagiere winkten zum Strand zurück, winkten aufs Geratewohl zu den Kellnern des Hotels und den Gästen des Cafés, Sonja betrachtete die zerlaufende Hecksee. Auf meine Aufforderung, das Steuerrad zu übernehmen, willigte Stella ein, es machte mir Freude, neben ihr auf dem Podest zu stehen, und als wollte ich unseren Kurs korrigieren, griff ich ins Steuerrad und legte dabei meine Hand auf ihre Hand und spürte, wie sie meinen sanften Druck erwiderte. Leise, nur für mich bestimmt, sagte sie: »As you see, Christian, captain by learning.« Was ihr dazu noch fehlte, so erzählte sie, werde sie ja demnächst lernen, wenn ihre Freunde sie für ein paar Tage an Bord nehmen würden.

Wir fuhren um die Vogelinsel herum, ich nahm Fahrt heraus, unser Boot glitt jetzt auf das gewaltige Steinriff zu, das sich unterseeisch bis zur Tiefe hinzog und sich im Dunkel verlor. Feriengäste hängten sich über die Bordwand, starrten hinab und rätselten und erzählten anderen, was sie sahen; schließlich wandten sie sich an mich und stellten die üblichen Fragen. Sie wollten kaum glauben, daß das Riff künstlich aufgetürmt worden war, vor mehreren hundert Jahren, mit den dürftigen Mitteln, über die man damals verfügte, als man die Findlinge herangeholt und planvoll versenkt und getürmt hatte, nicht so hoch, daß sie aus dem Wasser herausragten, sondern so, daß sie sich knapp unter der Oberfläche verbargen, eine Falle für den Kiel eines sorglos aufkommenden Schiffes. »Wer Steine braucht«, sagte Stella, »hier kann er sich bedienen.« Wir glitten am Riff entlang, und als die sandige Landzunge in Sicht kam, erhob sich eine Wolke von Wasservögeln, inszenierte ein weißes Stiemwetter, Heringsmöwen vor allem. Das flatterte, das kreischte, für einige Jungen im Boot war das das erwartete Signal: Wir hatten die Position erreicht, die sie von Anfang an im Auge gehabt hatten. Die Jungen stellten sich an die Bordkante, ließen die Arme kreisen, schlenkerten mit den Beinen. Alle sahen zu uns herüber. Das Boot lag still da. Das Wasser war klar. Zuerst warf ich nur eine Münze, und noch bevor sie den hellen Grund erreichte, sprangen ein paar der Jungen und tauchten, strebten paddelnd oder mit hastigen Schwimmstößen dem Grund zu, und wie jedesmal begeisterten mich die Wendungen und Drehungen ihrer Körper, die mitunter tänzerischen Bewegungen. Auch die älteren Passagiere waren begeistert, manche hingen über der Bordwand und beobachteten die jungen Taucher, die spielenden Delphinen glichen. Ich warf zwei Münzen und ermunterte die Fahrgäste, in ihren Taschen zu kramen und es mir nachzutun, manche warfen ihr Geldstück weiter hinaus, andere ließen es neben dem Boot sinken, gespannt darauf, welcher der Jungen es fand und ergriff und ob er es nach kurzem Gerangel am Grund behielt. Das lautlose Gerangel, das von einem Geburbel aufsteigender Blasen begleitet wurde, endete meist damit, daß der Sieger die Münze zwischen die Zähne nahm, eilig emporruderte und über die kurze Strickleiter, die ich ausgehängt hatte, an Bord kam. Grau und ausgepumpt warfen sie sich auf den nächsten Sitz, erst hier begutachteten die kleinen Taucher, was sie erbeutet hatten, wogen es in der Hand, zeigten es den anderen. Daß Sonja gleichzeitig mit den Jungen gesprungen war, hatte ich übersehen, ich entdeckte sie am Grund, sah, daß sie sich zu wehren versuchte gegen einen Rivalen, der sie umklammerte und ihre Hand gewaltsam zu öffnen versuchte. Ich überlegte schon, den Bootshaken aus der Halterung zu nehmen und Sonjas Widersacher mit der stumpfen Seite wegzustoßen, als Stella das Strandkleid auszog, es mir zuwarf und in vollkommener Streckung von der Bordkante sprang. Nur ein paar Schwimmstöße, und sie hatte die beiden am Grund erreicht und zwang sie auseinander, indem sie dem Jungen eine geöffnete Hand ins Gesicht drückte. Sie legte einen Arm um Sonja und brachte sie zur Strickleiter, tauchte aber gleich wieder, um die Münze zu holen, die Sonja zuletzt verloren hatte. Anerkennende Blicke der Passagiere begleiteten sie, als sie an Bord kletterte und sich neben Sonja setzte, die schwer atmete, die sich krümmte und kaum Freude zeigte über die zurückerhaltene Münze. Ein Ausdruck von Freude aber erhellte ihr Gesicht, als Stella sie an sich zog und ihr über die Wange strich und einen Fuß neben Sonjas Fuß stellte und belustigt sagte: »Siehst du, wir haben beide Schwimmfüße.« Und dann erinnerte sie Sonja noch daran, daß jede Rückkehr von einer Rundfahrt mit einem Wettschwimmen endete, enden mußte, die Jungen standen schon bereit, und als wir an der Brücke des Hotels vorbeiglitten, gab ich das Kommando, und alle sprangen und schwammen auf den Strand zu, jeder in seinem Stil. Das paddelte, das kraulte, zog mit hastigen Schwimmstößen seine Bahn, manch einer tauchte kurz und suchte unter Wasser schneller voranzukommen, manch einer behinderte seinen schnelleren Nachbarn, indem er dessen Beine umklammerte oder sich auf seinen Rücken legte. Sonja war nicht zu erkennen in dem sprühenden, blasenwerfenden Feld.

Stella wollte an diesem Wettschwimmen nicht teilnehmen, auf meine Ermunterung sagte sie nur: »Es wäre nicht fair, Christian.« Da wußte ich noch nicht, daß sie an irgendwelchen Meisterschaften, vermutlich Hochschulmeisterschaften, teilgenommen und in der Lagenstaffel den zweiten Platz gemacht hatte.

Mit dieser Begründung, Stella, gab ich mich jedenfalls nicht zufrieden, ich hielt sie dir noch einmal vor, als wir dann unter den Kiefern lagen, an jenem warmen, windstillen Nachmittag. Wir lagen nebeneinander, nur mit Badeanzügen bekleidet, ich streichelte deinen Rücken. Ich wollte wissen, warum sie am Wettschwimmen nicht teilnehmen wollte, und sie sagte: »Ganz einfach, Christian, ich durfte nicht gewinnen. Wenn die eigene Überlegenheit zu groß ist, darf man sie nicht ausspielen, das wäre unfair, ein Gratissieg.« Ich wollte ihr nicht zustimmen, hielt ihre Begründung für herablassend, für hochmütig. Ich sagte: »Die Überlegenheit ist doch etwas, was man sich erworben hat, ein redlicher Besitz.« Sie lächelte, und seufzend sagte sie: »Ach, Christian, die Voraussetzungen müssen stimmen, wenn du ein stimmiges Ergebnis haben willst, müssen die Voraussetzungen stimmen.« Sie küßte mich, es war ein eiliger Kuß, dann sprang sie auf und ging mit tänzelnden Schritten zum Wasser. »Los, komm mit.« Drängend, uns wendend, strebten wir ins Tiefere, wir faßten nacheinander, ich zog sie an mich und preßte mich an ihren Körper und hielt sie umklammert. Dies Staunen, nie werde ich diesen staunenden Blick und dies glückliche Einverständnis vergessen. Als hätten unsere Körper darauf gewartet, preßten sie sich aneinander. Wir lachten, als der Auftrieb unseren Stand erschwerte, ich deutete zu den beiden roten, vom Wind zerrissenen Flaggen hinüber – Fetzen waren es –, die vor einer ausgelegten Aalreuse warnten, ich rief: »Komm, Stella, einmal um die Flaggen herum, wer gewinnt, darf sich etwas wünschen«, und ohne auf ihre Zustimmung zu warten, schwamm ich los. Zunächst vergewisserte ich mich nicht, ob sie mir folgte, ich schwamm, so schnell ich konnte, die Flaggen wippten in der mäßig bewegten See. Ich hatte sie noch nicht erreicht, als ich zum ersten Mal zurückblickte, Stella hatte meine Einladung, meine Herausforderung angenommen, sie spielte mit, sie folgte mir mit langgezogenen Kraulschlägen. Ich glaubte zu erkennen, daß sie lässig schwamm, ihres Sieges gewiß, und das spornte mich an. Bei den Flaggen wechselte sie den Stil, wie übermütig schwamm sie nun in Rückenlage, ohne daß sich der Abstand zu mir verringerte. Ich legte einen Zwischenspurt ein oder tat das, was ich dafür hielt, und ich zog einige Meter davon, fast schon gewiß, daß ich vor ihr den

Strand erreichte, doch dann reckte sie einen Arm und winkte; so winkt nur einer, der sich seiner Überlegenheit sicher ist, fröhlich, nachsichtig, und sie zog an und kam rasch auf mit wirbelndem Beinschlag, ich hatte den Eindruck, daß eine Schiffsschraube sie antrieb. Wie leicht zogst du an mir vorbei, Stella, ich versuchte es erst gar nicht, dich einzuholen, ich gab auf, ließ mich zurückhängen und beobachtete, wie du an den Strand watetest ohne ein Zeichen der Erschöpfung.

Bei den Kiefern, in der Mulde bei den Kiefern, erinnerte ich sie daran, daß sie einen Wunsch frei hätte, sie winkte ab, nicht jetzt, nicht gleich, sie wollte darauf zurückkommen bei anderer Gelegenheit, es sei allemal nützlich, einen Wunsch frei zu haben, der Augenblick, ihn zu äußern, müsse sorgsam bedacht werden, man dürfe ihn nicht verschwenden. Während sie sprach, wischte sie den Sand von meinem Rücken, von meiner Brust, einmal beugte sie sich so tief herab, daß ich glaubte, sie habe da etwas entdeckt, eine alte Wunde, eine Narbe, doch ihr war etwas anderes aufgefallen. »Sie lächelt wirklich«, sagte sie, »deine Haut lächelt wirklich, Christian.« Stella hatte einmal gelesen, daß die Haut in gewissen Augenblicken lächeln kann, und nun hatte sie anscheinend eine Bestätigung dafür gefunden. Neugierig, und mehr als dies, drehte ich mich auf die Seite, konnte aber nur feststellen, daß meine Haut war, wie sie immer gewesen war, und nicht einmal die Andeutung eines Lächelns zeigte.

Was ich übersah oder was mir nicht gelang wahrzunehmen: Du kanntest es. Ihre Bemerkung hatte etwas ausgelöst, worauf ich nicht vorbereitet war; ein unruhiges Verlangen, das in meiner Vorstellung immer heftiger zu werden begann, ließ mich sie berühren, ich streichelte ihre Schenkel, und dabei suchte ich ihren Blick, unsere Gesichter waren einander so nah, daß ich ihren Atem spürte. Ihr Blick hielt meinem Blick stand, ich hatte das Gefühl, daß ihr Blick mein Verlangen erwiderte oder daß eine sanfte Aufforderung von ihm ausging; ich streifte ihren Badeanzug ab, und sie ließ es geschehen, sie half mir dabei, und wir liebten uns dort in der Mulde bei den Kiefern.

Wie erzählbereit sie war, als müßten wir nun etwas sagen, was noch nicht gesagt worden war. Jetzt brachte sich Vergangenheit in Erinnerung, jetzt wollten wir mehr übereinander wissen, zur Sicherheit, zur Rechtfertigung oder nur zur Besänftigung, unser Bedürfnis danach ließ uns nicht zögern, Fragen zu stellen. Es ist eine lange Geschichte, sagte sie, mein Kopf lag in ihrer Armbeuge, und sie sagte: »Es ist eine lange Geschichte, Christian, sie beginnt noch während des Krieges, in Kent, im Himmel über Kent.« »Wieso im Himmel?« fragte ich. »Mein Vater war Bordfunker in einem Bombenflugzeug, seine Maschine wurde schon beim ersten Angriff abgeschossen, seine Kameraden starben, er überlebte, sein Fallschirm funktionierte; so wurde ich Englischlehrerin.« »So?« fragte ich. Und

Stella erzählte von ihrem Vater, der abgeschossen und in ein Gefangenenlager gebracht wurde in der Nähe von Leeds, dort verbrachte er einige Wochen und überließ sich, wie die meisten Gefangenen, dem Stumpfsinn. Das änderte sich, als er mit anderen zu herbstlicher Feldarbeit eingeteilt wurde, die Arbeit auf der Farm von Howard Wilson machte ihm Freude, die politischen Vorträge im Lager, zu denen sie abkommandiert wurden, benutzten die meisten, um Schlaf nachzuholen. Stellas Vater aß mit den Wilsons an einem Tisch, er durfte an einer bescheidenen Geburtstagsfeier teilnehmen, und einmal baten sie ihn, ihren kranken Jungen zu einem Landarzt zu fahren, auf einem Fahrradanhänger. »Stammt dein Vater vom Lande?« fragte ich. »Er war Elektriker«, sagte sie, »er konnte jedem beweisen, daß er bei unzureichendem Licht lebte, zu wem er auch ging, er hatte immer ein paar elektrische Ersatzbirnen in seinem Koffer, die überließ er seinen Kunden zum Selbstkostenpreis, sein Lieblingskunde nannte ihn Joseph der Lichtbringer, die Wilsons nannten ihn Joe.

Warum er sich eines Tages, lange nach dem Krieg, entschloß, die Wilsons zu besuchen, erklärte er uns nicht, er meinte nur, es sei wohl an der Zeit, einmal bei ihnen anzuklopfen.« Heute wisse sie, daß es ein verständlicher Wunsch sei, gelegentlich dorthin zurückzukehren, wo man eine wesentliche, vielleicht entscheidende Erfahrung gemacht habe. Das sagte

Stella, und nach einer Pause sagte sie auch: »Sieben Tage, Christian, wir wollten nur einen Nachmittag bleiben, aber wir blieben sieben Tage.«

Ich kam und kam nicht von ihrem Bild los; während das Schulorchester spielte, blickte ich unverwandt ihr Photo an, es war, als hätten wir uns für diese Stunde verabredet, in der Absicht, uns etwas zu sagen, was wir noch nicht übereinander wußten. Zweimal hatte ich unserem Orchester bei den Proben zugehört, dem Orchester und dem Chor, nun, vor deinem Bild, ergriff mich die Kantate unerwartet stärker. Diese Ausgesetztheit, diese verzweifelte Suche und das Hoffen auf Antwort, auf Erlösung, angerufen wurde die sieghafte Kraft, die bei ihnen ist, bei Vater und Sohn, ihre Zeit ist die allerbeste Zeit. Wie dein Gesicht auf einmal leuchtete, Stella, dies Gesicht, das ich überall geküßt hatte, auf die Stirn, auf die Wangen, auf den Mund. Lob und Herrlichkeit, ich nenne die Namen und ergebe mich, Glorie sei Dir. Und dann dies Amen, das unser Orchester echohaft aufnahm, das leiser wurde und sich wunderbar verlor an ein Universum des Trostes, überwunden der Actus Tragicus. Ich starrte auf ihr Gesicht, nie zuvor hatte ich das so mächtige Gefühl eines Verlustes empfunden; seltsam genug, denn vorher war mir nicht bewußt geworden, das, was verlorenging, zu besitzen.

Als Herr Block aufs Podium stieg, dachte ich schon, daß er abermals eine Rede halten würde, doch er dankte uns nur, dankte für unser Schweigen. Er forderte uns nicht ausdrücklich auf, die Aula zu verlassen, wortlos deutete er auf die beiden Ausgänge, und die Menge setzte sich in Bewegung, staute sich, verdünnte sich, strebte auf die Korridore hinaus, wo sogleich Stimmen lärmten. Ich hielt mich zurück, ich wartete, bis auch die Kleinen von der Fensterfront zum Ausgang gefunden hatten, dann trat ich ans Podium heran, schaute mich kurz um und brachte Stellas Photo mit einem schnellen Griff an mich. Ich schob es unter meinen Pullover und verließ mit den anderen die Aula.

Nach der Gedenkstunde fiel der Unterricht aus, ich ging die Treppen hinab zum ersten Stock, wo mein Klassenzimmer lag, betrat das leere Zimmer und setzte mich an meinen Tisch, Stellas Photo legte ich vor mich hin. Lange konnte ich so nicht sitzen, ich verwahrte das Photo in der Schublade und beschloß, es nach Hause zu bringen und dort neben die Aufnahme meiner Klasse zu stellen. Ein Tourist hatte dies Klassenbild gemacht, ein alter pensionierter Lehrer, der im *Seeblick* wohnte und der mit Stella bekannt war. Er gruppierte uns auf seine Art: erste Reihe liegend, die zweite kniend, dahinter die Größten stehend und im Hintergrund drei in Kiellinie auslaufende Fischkutter. Du standest aufrecht zwischen den Knienden und legtest den nächsten eine Hand auf den Kopf. Am Bildrand – ich weiß nicht, warum – stand Georg

Bisanz, der Lieblingsschüler, beidhändig drückte er ein Paket an sich, einen Packen Hefte, auch mein Heft war darunter. Georg hatte das Vorrecht, die Hefte einzusammeln.

Ich war nicht überrascht, als sie zu Beginn der Doppelstunde das Aufsatzthema nannte, Stella hatte uns im voraus geraten, unter anderem *Farm der Tiere* zu lesen, enttäuscht war ich nur über die Kühle, ihre Sachlichkeit, in ihrem Blick lag kein Ausdruck geheimer Verständigung, sie überging jede Anspielung darauf, was wir teilten und was uns gehörte. So wie sie die anderen anschaute, so schaute sie mich an; auch als sie neben meinem Tisch stand – ihr Körper war so nah, daß ich ihn hätte an mich ziehen können –, glaubte ich, eine unerwartete Distanz zu spüren: Was geschehen ist, ist geschehen, du kannst dich jetzt nicht darauf berufen.

Ich war sicher, meine Abschlußarbeit in Englisch zu Stellas Zufriedenheit geschrieben zu haben, mir hatte es Freude gemacht, den Aufstand der Tiere auf Mr. Jones' Herrenfarm zu schildern, die danach nur *Farm der Tiere* hieß. Dem Wortführer des Aufstandes, dem fetten, klugen Eber Napoleon, der in der Kunst der Überredung glänzte, hatte ich meinen vorsichtigen Respekt bezeugt. Besondere Erwähnung fanden die sieben Gebote, die die Tiere sich gegeben hatten und die mit weißer Farbe auf eine geteerte Wand geschrieben waren – eine Art Gesetzestafel, die ich als verbindlich bezeichnete für alle Lebewesen. Einige der Gesetze hob ich hervor, zum Beispiel das erste Gesetz: Wer auch immer auf zwei Beinen geht, ist ein Feind. Und auch das siebte Gebot: Alle Tiere sind gleich.

Ich war zufrieden mit meiner Arbeit, und ich wartete ungeduldig auf die Rückgabe der Hefte, eine Stunde, in der Stella es nicht versäumte, die Gründe zu nennen, warum einer befriedigend, ein anderer mangelhaft oder gut bekam – zu sehr gut hatte sie sich bisher nur ein einziges Mal bereit gefunden. Aber sie kam nicht, mehrere Stunden fielen aus, und es war nicht leicht zu erfahren, was sie daran hinderte, ihren Unterricht fortzusetzen.

Heiner Thomsen wußte, wo du wohnst, er kam jeden Tag von Scharmünde nach Hirtshafen, ein Klassenkamerad war er nicht. Das Zimmer im *Seeblick* hatte Stella nur für ein paar Tage in den Ferien, ich hoffte, sie zu Hause zu treffen, und trotz mancher Bedenken machte ich mich auf den Weg. Ich mußte einfach wissen, was geschehen oder was ihr zugestoßen war, mitunter regte sich der Verdacht, daß sie auch meinetwegen der Schule fernblieb.

Am nächsten Tag fuhr ich nach Scharmünde, ich fand ihre Straße, ich fand ihr Haus, der alte Mann auf der Gartenbank saß wie zu Feierabend da, er hielt in einer Hand eine Pfeife, in der anderen den Knauf eines Stocks. Als ich das Gartentor öffnete, hob er sein

Gesicht, ein fleischiges, schlecht rasiertes Gesicht, und blickte mich lächelnd an. »Komm näher«, sagte er, »komm näher, oder muß ich ›Sie‹ zu dir sagen?« »›Du‹ genügt«, sagte ich, »ich bin noch Schüler.« »Sieht man dir nicht an«, sagte der alte Bordfunker, und nachdem er mich einen Augenblick prüfend gemustert hatte, fragte er: »Ein Schüler von ihr, von meiner Tochter?« »Frau Petersen ist meine Englischlehrerin«, sagte ich. Er war zufrieden, mehr brauchte ich über den Grund meines Besuches nicht zu sagen. Er rief: »Stella«, und noch einmal, mit dem Gesicht zur offenen Tür: »Stella«. Sie kam, sie schien nicht allzu verwundert, als sie mich neben ihrem Vater sah, vielleicht hatte sie mich auch kommen sehen und sich vorbereitet auf den Augenblick der Begrüßung. Bekleidet mit Jeans und Polohemd, trat sie aus dem Haus und sagte: »Wie ich sehe, Dad, hast du Besuch.« Mit ihrem Händedruck gab sie nicht mehr zu erkennen als ein sachliches Willkommen. Formelhaft bemerkte sie: »Wie nett, Sie wiederzusehen, Christian.« Kein Befremden, kein Vorwurf und noch viel weniger ein verstohlenes Zeichen der Freude.

Ihr Vater drängte ins Haus, es war ihm zu kühl geworden, er brauchte ihren Beistand, und sie zog ihn hoch, umfaßte ihn resolut und schleppte ihn ab. Über ihre Schulter hinweg sagte er zu mir: »Lendenwirbel, ein Andenken aus vergangener Zeit.«

Der alte Bordfunker wollte in sein Zimmer gebracht

werden, es war ein schmaler Raum, Sonnenblumen nickten zum Fenster herein, vor dem eine Art Werkbank stand, an der Wand ein altmodisches Sofa, auf dem eine achtlos zurückgeworfene Decke lag. Schwer ließ er sich in einem Korbstuhl vor der Werkbank nieder und nickte mir gleich zu, mich auf einen Hocker zu setzen. »Buddelschiffe?« fragte ich und nahm eine Flasche in die Hand, in der eine Hafenszene verewigt war, ein mehrfarbiger Containeriese, der von einem Schlepper gezogen wurde. »Freizeit«, sagte er, »damit vertreib ich mir die Zeit, manchmal laß ich mir auch Probleme stellen.« Er zeigte auf eine helle Flasche, ein Segler steckte darin, seine drei Masten lagen flach auf Deck. »Die muß ich noch aufrichten«, sagte er und fügte hinzu, daß manch einer sich darüber wundere, wie ein Dreimaster in eine Flasche komme. »Dabei ist es ganz einfach: Zuerst wird der Bootskörper in die Flasche gebracht, dann werden die Aufbauten aufgesetzt oder die Masten mit Takelage aufgerichtet, auch die Kunstwellen werden später hineingebracht.«

Während er über seine Beschäftigung sprach, lauschte ich Stellas Schritten im Haus, hörte sie telefonieren, in der Küche hantieren und einen Besucher oder Boten an der Haustür abfertigen. Ich zweifelte schon, ob ich sie allein würde sprechen können, als sie mit einem Tablett hereinkam, das sie auf der Werkbank absetzte: Ich sah einen großen Becher mit der Aufschrift *The Gardener* und eine Flasche Rum, *Captain*

Morgan. Ihr Vater fing ihre Hand ab, streichelte sie und sagte: »Danke, mein Kind«, und zu mir: »Rum erst veredelt den Tee!« Sie überließ es nicht ihm, sich zu bedienen, sie selbst öffnete die Flasche und goß einen Schuß Rum in den Tee, danach beklopfte sie die Schulter ihres Vaters und sagte: »To your health, Dad«, und entschieden zu mir: »Für Sie, Christian, steht etwas nebenan.«

Weißlackierte Bücherregale, ein weißgrüner Schreibtisch mit mehreren Schubfächern, ein Liegestuhl, ledergepolstert, zwei Sessel, korbgeflochten, und an der Wand diese rätselhafte große Reproduktion: *Eine Königin blickt auf ihr Land.* Auf dem Schreibtisch, neben einem Heftstapel, stand ein Becher Tee mit der Aufschrift: *The Friend.* Von deinem Zimmer war ich nicht begeistert, Stella, es kam mir bekannt vor, jedenfalls hatte ich nicht das Gefühl, fremdes Territorium zu betreten. Allein mit ihr, umarmte und küßte ich sie, oder besser: Ich versuchte sie zu küssen, doch sie versteifte sich und wehrte ab. »Nicht hier, Christian, bitte nicht hier!« Auch als ich meine Hände unter ihr Polohemd schob, spürte ich ihren Widerstand, und sie wiederholte: »Nicht hier, Christian, bitte!« Ich setzte mich, blickte auf den Becher mit Tee, las laut die Aufschrift *The Friend* und deutete mit einer fragenden Geste auf mich. Stella antwortete nicht, bestätigte nicht, was ich wissen wollte, statt dessen fragte sie: »Warum bist du gekommen?« Zunächst wußte ich nicht, was ich darauf antworten sollte, dann aber sagte ich: »Ich mußte dich wiedersehen, und außerdem wollte ich dir etwas vorschlagen.« Mit einem Ausdruck von Nachsicht und Müdigkeit bat Stella mich, Rücksicht zu nehmen, Rücksicht auf sie und auf andere, sie fragte mich, ob ich mir Gedanken darüber gemacht hätte, wie es mit uns weitergehen soll: »Weißt du, was es für mich bedeutet, aber auch für dich?« »Ich hielt es nicht mehr aus«, sagte ich. »Um dich wiederzusehen, wenn auch nur für einen Augenblick, hätte ich sogar vor dem Lehrerzimmer gewartet.« »Gut«, sagte sie, »aber was dann, Christian, oder frag ruhig: Was jetzt?« Du gabst mir zu verstehen, daß du vorausgedacht hattest, daß du erwogen und vorweggenommen hattest, was uns bevorstand. Was jetzt?, so fragt einer doch aus Unsicherheit, vielleicht aus Bedrückung oder Ratlosigkeit. Plötzlich sagte sie: »Vielleicht sollte ich mich versetzen lassen, an eine andere Schule. Es würde uns manches erleichtern.« »Dann komme ich mit.« »Ach, Christian.« Sie schüttelte den Kopf, die Stimme klang nachsichtig, sie schien nur Bedauern übrig zu haben für meine Bemerkung. »Ach, Christian.«

Der Heftstapel auf ihrem Schreibtisch ließ mich nicht los, immer wieder linste ich zu ihm hin, dort lag auch mein Aufsatz, den sie gewiß gelesen und zensiert hatte. Bei diesem Gedanken wagte ich es nicht mehr, Stella zu berühren oder sie nach ihrem Urteil zu fragen.

Wie zaghaft ihr Vater plötzlich rief: »Stella«, und noch einmal, bittend, »Stella«, und sie legte die Zigarette, die sie anzünden wollte, auf einen Aschenbecher und ließ mich allein. Anscheinend fröstelte der alte Bordfunker auch an seiner Werkbank, er bat um seine Hausjacke, dann flüsterten sie miteinander, und ich wußte, daß es um meinen Besuch ging. Mein Aufsatzheft lag nicht obenauf, doch selbst wenn es dort gelegen hätte, ich hätte es nicht in die Hand genommen. Denn hinter dem Heftstapel, auf ihrem Schreibtisch, stand eine gerahmte Photographie, sie zeigte einen blonden, athletischen Mann, der fordernd in die Kamera blickte, mit einer zusammengerollten Zeitschrift drohte er dem Photographen. Am Rand der Photographie las ich: »Stella with love, Colin«.

Nicht gleich, ich wollte sie nicht gleich fragen, wer dieser Colin war und was sie mit ihm verband. Ich versuchte, sein Alter zu schätzen, sehr viel älter als ich konnte er nicht sein. Ich nahm die Zigarette vom Aschenbecher und steckte sie an, ich betrachtete das Bild *Eine Königin blickt auf ihr Land*, es stammte von einem englischen Maler, Attenborough, glaube ich. Das Land der Königin lag im Dämmer, keine Wege, keine Straßen, an einem Gewässer konnte man Häuser vermuten, geduckt, wie unerreichbar.

Dein Lächeln, Stella, als du hereinkamst und gleich sahst, daß ich deine Zigarette rauchte. Mit einer Handbewegung batest du mich, sitzen zu bleiben, dies hier ist ein anderes Territorium, nicht die Klasse, hier brauchst du bei meinem Eintritt nicht aufzustehen. »Es geht ihm besser«, sagte sie, »seit heute geht es meinem Vater besser.«

Sie machte ein paar Schritte, blieb vor ihrem Schreibtisch stehen und legte eine Hand auf den Heftstapel. Immer noch wagte ich es nicht, sie nach ihrem Urteil zu fragen. Sie selbst, so dachte ich, müßte den Augenblick bestimmen. Je länger ihr Zögern dauerte, desto sicherer war ich, daß ich kein Lob zu erwarten hatte. Ein Lob hat sie nie zurückgehalten, damit begann sie noch jedesmal, wenn sie die Hefte zurückbrachte und unsere Arbeiten besprach und die Zensuren begründete. Ich wartete darauf, daß sie sich zu mir setzte, doch sie tat es nicht, sie trat ans Fenster und blickte hinaus, gerade so, als suchtest du etwas, einen Zuspruch, eine Eingebung. Nach einer Weile sah ich, wie sich der Ausdruck ihres Gesichts veränderte, und mit einem Anflug von leichtem Kummer, nicht von Nachsicht, sagte sie: »Was ich jetzt tue, Christian, habe ich noch nie getan, du kannst es konspirativ nennen, ja, wenn ich daran denke, was uns verbindet, ist es gegenüber unserer Schule konspirativ. Was ich dir zu sagen habe, sollte in der Klasse gesagt werden.« Während sie sprach, mußte ich an das Zimmer im *Seeblick* denken, an das Kopfkissen, das wir geteilt hatten, ich empfand eine unbestimmte Angst, auch einen unbestimmten Schmerz, aber nur für eine kurze Zeit, denn nachdem sie sich eine neue Zigarette angezündet hatte, begann sie wieder, ihre Schritte aufzunehmen.

Was du sprachst, Stella, schien anfangs nicht an mich allein gerichtet, als wolltest du etwas Grundsätzliches äußern zu allen, die es angehen könnte: »*Farm der Tiere* ist eine angewandte Fabel oder eine anwendbare Fabel, hier wird etwas durch ein anderes gesagt, hinter dem, was wir vordergründig erfahren, scheint eine übergreifende Wahrheit auf, man könnte sie als das Elend der Revolution bezeichnen.« Sie blieb vor dem Bücherregal stehen, sie sprach weiter gegen das Regal: »Für die Tiere gelten nicht so sehr die klassischen Forderungen der Revolution – mehr Brot, mehr Freiheit –, ihr Ziel ist es, die Herrschaft des Menschen zu beenden, ein begrenztes, konkretes Ziel, das auch erreicht wird. Nun aber, bei der Gründung einer neuen Zivilisation, beginnt das Elend. Es beginnt mit der Bildung von Klassen und dem Machtstreben einzelner.«

Jetzt wandte Stella sich mir zu: »Und da wir schon dabei sind, Christian, du hast die Anfänge ausreichend wiedergegeben, die Gebote, die Parolen, du hast die Gesetzestafel genannt, die die Tiere sich gegeben haben, alles korrekt, alles zutreffend, du hast auch den fürchterlichen Leitsatz zitiert: ›Alle Tiere sind gleich, aber einige Tiere sind gleicher als die anderen.‹ Doch du hast etwas nicht erwähnt oder es übersehen: das Ergebnis dieser Revolution, ein Ergebnis, das so manche Revolution kennzeichnet. Dir sind nicht die Machtkämpfe in der herrschenden Klasse aufgefallen, du hast dem unerhörten Terror, der nach der Eroberung einsetzte, keine Beachtung geschenkt, und schließlich, Christian, hast du nicht bemerkt, daß hier ein Abbild menschlichen Verhaltens zum Vorschein kommt. Es gibt einen Buchtitel, den du nicht kennen mußt, der aber viel sagt: *Die Revolution frißt ihre Kinder*. Kurz gesagt, du hast die Ursachen dieser Revolution genannt, die Gründe ihres Scheiterns jedoch kaum dargestellt.«

Ich versuchte nicht, mich zu verteidigen, ich unterließ es, weil ich merkte, daß du mir überlegen warst und alles zutraf, was du mir entgegenhieltest. Aber etwas glaubte ich erfahren zu müssen: die Zensur, die du mir gegeben hattest oder geben wolltest. Auf meine Frage: »Wenn meine Arbeit mißlungen ist, kann ich wohl nicht viel erwarten?«, zucktest du die Achseln und sagtest in einem Ton, der ein wenig zurechtweisend klang: »Dies ist wohl nicht der Ort, um über Zensuren zu sprechen.«

Stella gab mir zu verstehen, daß wir etwas auseinanderzuhalten hätten und daß sie, bei aller Zuneigung und allem Einverständnis mit unserer Vergangenheit, nicht bereit sei, die Autorität auf ihrem Feld aufzugeben. »Über Zensuren sollten wir nicht sprechen.« Das war so entschieden gesagt, daß ich keinen Versuch machte, sie umzustimmen, ich wagte es auch nicht, sie um die Hüften zu fassen und auf meinen Schoß zu ziehen.

Du wolltest nicht, daß ich dein Arbeitszimmer verließ, als das Telefon läutete, du sahst mich an, während du sprachst, belustigt, auch erleichtert, es war der Anruf, den du erwartet hattest. Stellas Freunde, die sie längst an Bord nehmen wollten, kündigten einmal mehr ihre Ankunft an; soviel ich verstand, konnten sie sich auf den Tag nicht festlegen, der Wind war gegen sie. Mit meinem Vorschlag, gemeinsam zu den unterseeischen Steinfeldern hinauszufahren, war sie nicht einverstanden. »Später«, sagte sie, »nach meiner Rückkehr.« Bei unserem Abschied sagte sie, daß dies ja ein sehr überraschender Besuch gewesen sei, womit sie gewiß andeuten wollte, ihr Überraschungen dieser Art künftig zu ersparen. In ihrem Vorgarten wandte ich mich um, beide winkten mir nach, auch der alte Bordfunker.

Allein, allein in meinem Klassenzimmer saß ich vor offener Schublade und betrachtete Stellas Bild; ich nahm mir vor, ihr zu erzählen, was sie noch nicht von mir wußte, auch von dem Unglück an einem Wellenbrecher wollte ich ihr erzählen, das beinahe geschah, als ich unter Wasser war, um die Lage der Steine zu überprüfen, und ein mächtiger Findling sich aus dem Greifer über mir löste und mich erwischt hätte, wäre da nicht die Druckwelle gewesen, die mich zur Seite schleuderte.

So leise, daß ich es nicht hörte, wurde die Tür geöffnet, Heiner Thomsen rief: »Da bist du«, und kam rasch zu mir. Er hatte mich im Auftrag von Block gesucht, der Direktor wollte mich sprechen, gleich. »Weißt du, was er von mir will?« »Keine Ahnung.« »Wo ist er?« »Wo er immer ist.« Ich schloß die Schublade, langsam stieg ich die Treppe hinab zu Blocks Zimmer im Parterre. Er kam mir nicht entgegen; hinter seinem Schreibtisch sitzend, forderte er mich durch ein Zeichen auf, näher heranzutreten. So, wie er mich musterte – dieser durchdringende, abfragende Blick –, war mir sogleich klar, daß er etwas Besonderes von mir erwartete. Ich empfand es als demütigend, mich so lange schweigend stehenzulassen. Seine schmalen Lippen bewegten sich, er schien etwas vorzuschmecken, schließlich sagte er: »Offenbar wollten Sie unsere Gedenkstunde auf eigene Art beenden.« »Ich?« »Sie haben das Photo von Frau Petersen an sich genommen.« »Wer behauptet das?« »Mehrere haben es gesehen. Sie haben beobachtet, wie Sie das Photo an sich nahmen und, unter Ihrem Pullover verborgen, mitgehen ließen.« »Das muß ein Irrtum sein.« »Nein, Christian, es ist kein Irrtum, und nun bitte ich Sie, mir zu sagen, warum Sie es getan haben, Frau Petersen war Ihre Englischlehrerin.« Ich war bereit, zuzugeben, daß ich Stellas Bild mitgenommen hatte, doch vor seinem Schreibtisch stehend fiel mir kein Grund ein, den ich ihm hätte anbieten können, zumindest nicht den Grund, der allein mich handeln ließ. Nach einer Pause sagte ich: »Gut, ich gebe zu, daß ich das Photo mitgenommen habe, ich wollte nicht, daß es irgendwo verschwindet, ich wollte es als Andenken an meine Lehrerin bewahren, alle in meiner Klasse haben sie geschätzt.« »Sie aber, Christian, Sie wollten das Photo für sich allein haben, nicht wahr?« »Das Photo soll im Klassenzimmer stehen«, sagte ich. Mit spöttischem Lächeln nahm er das zur Kenntnis, dann wiederholte er: »Im Klassenzimmer also. – Warum nicht in der Aula, auf dem Bord, auf dem die Porträts mehrerer ehemaliger Mitglieder unseres Kollegiums zu finden sind, warum nicht dort?« »Das kann ich machen«, sagte ich, »das kann ich gleich machen.« Jetzt sah Block mich sehr ernst an, und ich mußte glauben, daß er mehr wußte, als ich annahm, obwohl ich mir nicht vorstellen konnte, wie weit sein Wissen reichte oder wessen er mich verdächtigte. Nichts macht mir so zu schaffen, wie einem unbestimmten Verdacht ausgesetzt zu sein. Um unser Gespräch zu beenden, schlug ich ihm vor, sofort zu tun, was er wünschte: »Wenn Sie einverstanden sind, Herr Doktor, bringe ich das gleich in Ordnung, das Photo kommt dorthin, wo Sie es haben möchten.« Er nickte, ich war entlassen. Ich war schon an der Tür, als er mich noch einmal zurückrief, über mich hinweg sprechend sagte er: »Was wir verschweigen, Christian, ist mitunter folgenreicher als das, was wir sagen. Verstehen Sie, was ich meine?« »Ich hab verstanden«, sagte ich und beeilte mich, Stellas Photo an den gewünschten Platz zu bringen.

Wieder, Stella, trug ich dein Photo unter dem Pullover, auf meinem Weg zur Aula gab ich keine Antworten, wich Begegnungen aus. Das Bord war nicht vollständig besetzt, sechs Bilder ehemaliger Lehrer standen da, ausnahmslos alte Männer, nur einem traute man zu, Sinn für Humor zu haben, einem Pädagogen in Marineuniform, der zwei gekreuzte Signalflaggen vor seiner Brust hielt. Biologie soll er gegeben haben, lange vor meiner Zeit. Zwischen ihn und ein kantiges Gesicht stellte ich Stellas Photo, es kam mir nicht in den Sinn, die Nachbarschaft zu bewerten. Du hattest deinen Platz, und das genügte mir vorerst.

Bei deinem Anblick holte ich mir zurück, was ich brauchte oder zu brauchen glaubte, das plötzliche Glück einer Berührung, die Freude, die nach Wiederholung verlangte. Ich war mir in diesem Augenblick sicher, daß ich dieses Photo von dir gebraucht hätte, für mich allein. Diese Helligkeit am Strand, diese blendende Helligkeit an dem Sonntag, an dem ich auf Stella wartete, in dem VW-Käfer, den Claus Bultjohan mir geliehen hatte, ein Cabriolet, das seinem Vater gehörte. Sein Vater war fürs Fernsehen unterwegs in Skandinavien, er drehte dort einen Kulturfilm über die Lappen, die das erstaunliche Recht hatten, als Nomaden über die russische Grenze zu ziehen. Nach meinem Besuch bei ihr zu Hause hatte ich gar nicht erst versucht, mich mit Stella zu verabreden; da ich wußte, daß sie bei diesem verläßlichen Sommerwetter allein an den Strand ging, um zu lesen oder in der Sonne zu liegen, beschloß ich, auf sie zu warten, weit genug weg von dem Haus, in dem sie wohnte. Im Auto hörte ich Benny Goodman. Sehr langsam fuhr ich hinter ihr her, sie trug ihr buntes Strandkleid, blau und gelb, an einem Schulterriemen hing die Strandtasche. Sie ging rasch und selbstbewußt; noch vor dem Kiosk, in dem sie Räucherfisch und Zeitschriften verkauften, hielt ich abrupt neben ihr, sah den Unwillen in ihrem Gesicht, sah aber sogleich, wie dieser Ausdruck abgelöst wurde von Überraschung und Staunen. »Ach, Christian«, sagte sie nur, ich öffnete die Tür, und nach einem Moment des Zögerns stieg sie ein.

Prompt setzte sie sich auf meinen Photoapparat, den ich auf den Beifahrersitz gelegt hatte: »Großer Himmel, was ist denn das?« »Hab ich gewonnen«, sagte ich, »bei einem Preisausschreiben, ich kam auf den fünften Platz.« »Und wohin soll's gehen?« fragte sie, und ich darauf: »Wo es etwas zu sehen gibt.«

Unten an dem Platz, auf dem die eingeholten Seewasserzeichen lagen, die einen neuen Anstrich bekommen sollten – zunächst aber vom Rost befreit werden mußten –, hielten wir. Wie heiter du auf meinen Vorschlag eingingst, hier einige Aufnahmen zu machen, sitzend, reitend, klammernd, du spieltest manchmal übermütig mit, schienst eine Wracktonne zu liebkosen; nur als ich dich bat, eine Kühlerfigur zu geben, winktest du ab. Du saßest auf dem Kühler – nicht anders als diese ausgesuchten Mädchen es in einem Autosalon tun –, als ein Wind dein Strandkleid hob und dein blaßblauer Slip sichtbar wurde; schnell winktest du ab und sagtest: »Das nicht, Christian, so weit nicht«, und dann fragtest du, wo ich den Film entwickeln lassen würde; ich versprach ihr, die Aufnahmen allein für mich zu behalten.

Ein einziges Mal photographierte Stella auch mich an diesem Sonntag, wir saßen im Fischrestaurant neben dem Kasino, fast alle Plätze auf der Sonnenterrasse waren besetzt. Stella las die Speisekarte mehrmals, es amüsierte mich, wie sie zu einer Entscheidung fand: Kaum hatte sie die in Leder gebundene Speisekarte zugeklappt, da griff sie schon wieder nach ihr, las, schüttelte den Kopf und beschloß von neuem. Es entging ihr nicht, daß ihr Suchen, ihr Bestimmen und Verwerfen mich amüsierte, denn bevor sie bestellte, sagte sie: »Ich liebe die Unentschiedenheit manchmal, die Möglichkeit, wählen zu können.« Wir bestellten Finkenwerder Scholle, in Speck gebraten, dazu Kartoffelsalat.

Sie bewunderte die Geschicklichkeit, die ich beim Schneiden bewies, besonders den Längsschnitt, mit dem ich das Rückenfilet vom Bauchfleisch trennte, sie versuchte, es mir nachzumachen, doch es mißlang, und ich zog den Teller heran und tat es für sie. Interessiert beobachtete Stella, wie ich dann mit beiden Händen die Gräte nahm, sie sorgfältig und genußvoll ablutschte und sie mir vors Gesicht hielt. Stella lachte auf, wandte sich ab, sah mich wieder lachend an und sagte: »Wunderbar, Christian, bleib so, das müssen wir festhalten.« Sie photographierte mich, sie wünschte, daß ich meinen Mund öffnete und die Gräte an die Lippen legte, diese Aufnahme wiederholte sie. Als ich ihr vorschlug, ein Bild von uns beiden zu machen, zögerte sie einen Augenblick – ein Zögern, das ich erwartet hatte. Schließlich willigte sie ein, und nach dem Essen gingen wir an den Strand und suchten uns einen Platz zwischen verlassenen Sandburgen. Wir machten mit dem Selbstauslöser ein Photo von uns beiden. Was die Aufnahme zeigte oder zeigen würde, schien weder Stella noch mir bedenklich: Wir saßen, sommerlich gekleidet, am Strand, wir saßen eng nebeneinander, wir bemühten uns, vergnügt auszusehen, jedenfalls zufrieden mit uns selbst. Ich sagte es nicht, doch ich dachte: Ich liebe Stella. Und ich dachte auch: Ich möchte mehr über sie wissen. Kein Wissen genügt, wenn man gewahr wird, daß man jemanden liebt. Während du aus deiner Strandtasche Faulkners *Light in August* zogst und dich ausstrecktest und wie zur Entschuldigung sagtest, du müßtest diesen Autor einfach lesen, fragte ich dich: »Warum, warum mußt du den lesen, im Lehrplan ist der doch nicht vorgesehen?« »Er ist mein Lieblingsautor«, sagtest du, »einer meiner Lieblingsautoren in diesem Sommer.« »Und was findest du bei ihm?« »Willst du das wirklich wissen?« »Ich will alles von dir wissen«, sagte ich, und ohne dich lange zu besinnen, weihtest du mich ein in Faulkners Welt, in seine Feier der Wildnis dort am Mississippi, einer Wildnis, in der Bär und Hirsch herrschten und in der Opossum und Mokassinschlange heimisch waren, so lange, bis Säge und Baumwollmühlen das Land verwandelten. Aber auch von seinen Gestalten erzähltest du, von den Herren und Schuften, die der Wildnis ihr eigenes Gesetz gaben und zum Verhängnis des Südens beitrugen.

Ich hörte ihr gern zu, sie sprach anders als in der Klasse, zögernder, nicht lehrhaft, ihre Art zu sprechen schmeichelte mir, ich konnte mich beinahe als ihr Kollege fühlen. Selbstverständlich nahm ich mir vor, bei nächster Gelegenheit ihren Lieblingsautor zu lesen oder es zumindest zu versuchen. Eine Zeitlang lagen wir schweigend nebeneinander, ich drehte mich zu ihr hin und betrachtete ihr Gesicht, ihre Augen waren geschlossen. Stellas Gesicht erschien mir noch schöner als auf dem Kopfkissen, mitunter konnte ich die Entstehung eines Lächelns erkennen. Obwohl ich gern gewußt hätte, woran sie dachte, stellte ich keine Fragen, nur einmal fragte ich sie, wer dieser Colin sei, und sie gab mir eine knappe Antwort, ein Kollege aus dem Lehrerseminar, der nun an einer Schule in

Bremen unterrichtete. Einmal aber vermutete ich zu wissen, woran sie dachte, als ein Ausdruck der Erwartung auf ihrem Gesicht erschien. Ich vermutete, daß sie an mich dachte, sie bestätigte diese Ahnung, indem sie eine Hand auf meinen Bauch legte. Auch wenn einer gegenwärtig ist, kann man an ihn denken.

Wer uns entdeckte, ist ungewiß, vielleicht war es Heiner Thomsen oder einer von seiner Meute, die an den Strand kam, um Volleyball zu spielen, mit ihren Stimmen kündigten sie sich an. Plötzlich waren die Stimmen nicht mehr zu hören, und bald darauf sah ich einige Gestalten, die Deckung suchten hinter den Sandburgen und sich geduckt an uns heranschlichen. Sie wollten herausfinden, was es zu sehen gab, was es zu erzählen geben könnte in der Schule. Ich brauchte Stella nicht aufmerksam zu machen auf meine Klassenkameraden, sie hatte sie bereits bemerkt, und sie blinzelte mir zu und stand auf und schlenderte auf die Sandburgen zu. Da erhob sich einer, dann erhoben sich zwei und drei, verkniffen standen sie da, wie ertappt. Einem gelang es tatsächlich, zu grüßen. Stella musterte sie vergnügt, und so, als nähme sie ihnen die Heimlichkeit nicht übel, sagte sie: »Es hat seine Vorzüge, manchmal eine Stunde am Strand zu geben, wer mitmachen will, ist eingeladen.« Keiner wollte mitmachen.

In diesem Augenblick bewunderte ich dich, Stella, und ich hätte dich am liebsten umarmt, als du ihre

Einladung zum Volleyballspiel annahmst. Sie klatschten vor Freude, beide Mannschaften wollten dich haben. Nur dich, ich mußte immer nur dich anschauen, und ich stellte mir unwillkürlich vor, wieder ein Kopfkissen mit dir zu teilen oder bei der Umarmung deine Brüste an meinem Rücken zu spüren. Obwohl du die Stütze deiner Mannschaft warst – keiner machte so wirkungsvolle Angaben wie du, keiner schmetterte so genau –, mußtest du eine Niederlage hinnehmen. Sie versuchten, Stella zu überreden, auch die nächste Runde mitzuspielen, doch sie lehnte freundlich ab, sie mußte nach Hause.

Meine Klassenkameraden umstanden das Auto, sie warfen sich Blicke zu, als Stella sich anschnallte, mir gaben sie ironische Ratschläge, und ein paar von ihnen pfiffen uns hinterher. Wir fuhren gleich zu ihr. Der alte Bordfunker saß nicht auf der Gartenbank, zwei Fenster standen offen. Ich stellte den Motor ab, in der Erwartung, daß sie mich auffordern würde, sie ins Haus zu begleiten. Da sie schwieg, schlug ich vor, gemeinsam zu den Steinfeldern zu fahren, mit unserem Schlauchboot. Stella zog mich an sich und küßte mich. Sie sagte: »Die Freunde sind da, sie werden mich hier an Bord nehmen.« »Wann?« »Es kann schon morgen sein, ich hoffe es zumindest. Ich brauche ein paar Tage für mich.« »Später also?« »Ja, Christian, später.« Bevor sie ausstieg, küßte sie mich noch einmal, und vor der Haustür winkte sie mir zu, nicht flüchtig, nicht beiläufig, sondern langsam und so, als sollte ich mich abfinden mit dieser Trennung. Vielleicht wollte sie mich auch trösten. Damals dachte ich zum ersten Mal daran, mit Stella zu leben. Es war ein jäher, ein tollkühner Gedanke, und heute weiß ich, es war ein in mancher Hinsicht unangemessener Gedanke, der nur entstehen konnte aus der Befürchtung, daß das, was mich mit Stella verband, ein Ende haben könnte. Wie selbstverständlich diese Sehnsucht nach Dauer aufkommt.

Trostlos kam mir Hirtshafen vor seit dem Tag, an dem sie dich an Bord dieses Zweimasters holten, Sonja hatte es beobachtet, und von ihr erfuhr ich, daß sie ein Dingi an den Strand schickten, das dich aufnahm und hinüberbrachte zur *Polarstern*. Anscheinend war dem Besitzer ein anderer Name nicht eingefallen. Du warst fort. Ich ging herum und saß eine Weile bei den rostenden Seezeichen, saß bei den drei Kiefern und auf der Holzbrücke, auch ins *Seeblick* ging ich, ohne zu wissen, was ich dort sollte. An einem Nachmittag erwog ich, Stellas Vater zu besuchen. Ein Grund für diesen Besuch fiel mir nicht ein, ich wollte ihn besuchen, weil ich hoffte, Stellas Nähe zu spüren. Da kam ihr Brief.

Ich hatte unsere *Katarina* gereinigt, war müde von der Arbeit nach Hause gekommen, da sagte mein Vater: »Es ist ein Brief für dich gekommen, Christian, aus Dänemark.« Rasch sprang ich zu mir hinauf, ich wollte allein sein. Der Absender war großzügig, schien etwas zu verbergen, er lautete nur: Stella P., Insel Ärö. Mir war sogleich klar, daß eine Antwort nicht erwartet wurde, bei dieser Ungenauigkeit. Ich las ihren Brief nicht von Anfang an, zuerst mußte ich wissen, wie sie ihn unterschrieb, und ich war glücklich, als ich las: »Hope to see you soon, best wishes, Stella.« Ich war so glücklich, daß ich erst einmal den Platz suchte und bestimmte, an dem ihr Brief aufbewahrt werden sollte.

Du schriebst von einer Flaute, von Badefreuden in einer stillen Bucht und von eurem Besuch eines Meereskundemuseums auf einer anderen Insel. Was ihr alles zu sehen bekommen habt: einen präparierten Rochen und einen präparierten Wal, einen riesigen Blauwal, der gestrandet war, außerdem etliche Aquarien, besetzt mit Papageienfischen und Korallen und kleinen Rotbarschen; besonders aufgefallen – und ich mußte schmunzeln, als ich das las – waren dir ein paar Königskrabben, die gerade ein Heringsfilet verspeisten, du nanntest sie die lethargischsten Esser der Schöpfung, denen bei der Mahlzeit zuzuschauen eine Geduldsprüfung sei. Seepferdchen erwähntest du auch noch, die, wie sie dir vorkamen, vergnügten Seepferdchen. Für Stellas Brief fand ich kein besseres Versteck als meine englische Grammatik; während ich ihn faltete und in das Buch legte, dachte ich voraus, dachte, ohne zu wissen, was kommen wird, an einen unbestimmten Tag und stellte mir vor, daß wir uns zurückversetzen und fragen würden: »Weißt du noch«, und nebeneinandersitzend würden wir den Brief gemeinsam lesen, vielleicht staunend, wieviel Anlaß zur Heiterkeit er uns gab.

Damals träumte ich zum ersten Mal von Stella, es war ein Traum, der mir zu denken gab: Ich kam verspätet in meine Klasse, alle saßen schon da und wandten sich mir grinsend zu, feixend und gespannt; als ich auf meinem Platz war, lenkten sie meinen Blick zur Tafel. In Blockbuchstaben stand da: Please come back, dear Stella, Christian is waiting for you. Ich stürzte zur Tafel und wischte den Text aus, die hinterhältige Freude auf ihren Gesichtern zeigte mir, daß sie glaubten, gewonnen zu haben.

Warten, auf die Rückkehr warten; obwohl ich manchmal dachte, zum Warten verurteilt zu sein, und mich bereits daran gewöhnt hatte, fiel es mir in Stellas Abwesenheit besonders schwer. Für die Gäste des *Seeblick* machte ich nachmittags Ausflugsfahrten mit unserer *Katarina*, fast immer zur Vogelinsel, wo man einen kurzen Anlegesteg gebaut hatte. Ich führte meine Gäste um die Insel herum, zeigte ihnen die Hütte des Vogelwarts, erzählte ihnen von dem alten Mann, der seine Einsamkeit liebte und sie gelegentlich mit einer gezähmten Sturmmöwe teilte, die nach einer Schußverletzung nicht mehr fliegen konnte.

Schon als er einstieg und mir den Fahrpreis bezahlte, kam er mir bekannt vor, und später dann – er suchte sich einen Platz im Heck – zweifelte ich kaum noch, daß er es war, dieser Colin, dessen Photo ich in Stellas Zimmer gesehen hatte. Er trug über kariertem Hemd eine Leinenjacke, er hatte eine verblüffende Ähnlichkeit mit Colin, nur wenn er sprach, wenn er sich an seine beleibte Nachbarin wandte und ihr gestenreich etwas erklärte – vermutlich das Verhalten bei Schiffbruch –, begann ich zu zweifeln, allerdings nur vorübergehend, denn sobald er mich forschend ansah und dabei eine gewisse Befangenheit preisgab, stand es für mich fest, daß es Colin war, der hier in der Hoffnung aufgetaucht war, Stella zu begegnen. »Stella with love, Colin.« Am Anlegesteg half er den älteren Passagieren beim Aussteigen, und bei unserem Rundgang war er es, der die meisten Fragen stellte, von ihm erfuhren wir, daß er ein Liebhaber von Möweneiern war, er hätte gern ein paar gesammelt, doch es war nicht die Zeit.

Nicht bei der Hütte, auf dem angeschwemmten Baumstamm, auf dem wir saßen und die Wellen beobachteten, die den Strand hinaufleckten, erlitt er diese Atemnot; zuerst räusperte er sich, dann warf er den Kopf zurück und japste, wobei er sich an den Hals faßte, mit heftigen Schraubbewegungen rang er nach Luft. Kein forschender Blick mehr, hilfesuchend sah er mich an und durchsuchte und beklopfte seine Taschen. »Geht's Ihnen nicht gut?« »Mein Spray«, sagte er, und »*Sanastmax*, ich habe mein Spray vergessen, im Hotel.« Ich fragte die Passagiere, nur wenige wollten ins Hotel zurück, ich brachte ihn an Bord und fuhr ihn ins *Seeblick* zurück. Der Mann am Empfang führte den immer noch schwer Atmenden zu einer Couch, er ließ sich sagen, was hier gebraucht wurde – »auf dem Nachttisch, der Inhalator liegt auf dem Nachttisch« –, mit sicherem Griff nahm er einen Schlüssel vom Schlüsselbord und stieg eilig die Treppe hinauf. Allein mit dem Mann, der Colin glich und den ich vorübergehend für Colin gehalten hatte, beschloß ich, mir endgültige Sicherheit zu verschaffen; ich zog mir einen Stuhl heran und setzte mich zu ihm und wehrte den Dank ab, den er mühsam äußerte. Das Hirtshafener Strandfest, ich erzählte ihm von unserem Strandfest, an dem er teilgenommen hätte, wenn er nur etwas früher hierhergekommen wäre, von überall her seien Leute gekommen, selbst meine Lehrer ließen es sich nicht nehmen, mitzumachen. Es interessierte ihn nicht, er wollte nicht mehr wissen, dennoch hatte ich das Gefühl, daß er mich manchmal mit forschendem Blick ansah. Erst der Mann vom Empfang brachte mir Gewißheit. Als er den Inhalator brachte, sagte er: »Da war ein Anruf für Sie, Herr Dr. Cranz, aus Hannover, das Auto kommt morgen.« Obwohl ich ihn an jenem frühen Morgen überrascht hatte, beachtete er mich nicht, anscheinend erinnerte er sich nicht an unsere Begegnung.

Zu Hause las ich noch einmal Stellas Brief, ich las

ihn mehrmals, und in Gedanken an die Hütte des Vogelwarts beschloß ich, Stella zu schreiben, ich mußte es einfach tun. Ohne zu zögern, schrieb ich: »Liebste Stella«, und ließ sie gleich wissen, wie trostlos in Hirtshafen alles ohne sie war, »zu viele alte Leute, langweilige Ausflugsfahrten, ewiger Fischgeruch, und nie ein wechselnder, immer nur ein kühler Ostwind«. Und dann machte ich sie mit meinem Plan bekannt, der mich, während ich schrieb, immer mehr begeisterte und sogar glücklich machte. Ich entwarf einen Plan für uns beide. »Stell dir vor, Stella: Wir beziehen die Hütte des Vogelwarts, du und ich, am Anlegesteg werde ich ein Schild befestigen: ›Hier anlegen untersagt‹. Das Dach werde ich flicken, einen Riegel für die Tür anbringen, Holz für den Herd werde ich zusammentragen, und bei unserem Schiffsausrüster werde ich einige Konserven kaufen und Trockenproviant. Wir werden nichts entbehren«, schrieb ich. Schließlich stellte ich ihr in Aussicht, daß wir gemeinsam schwimmen würden, vor allem aber, daß wir uns schon nach dem Aufwachen haben, füreinander dasein würden. Als PS fiel mir noch der Satz ein: »Vielleicht könnten wir auch zusammenleben lernen.« Unterschreiben wollte ich zuerst mit »yours sincerely«, wählte dann aber »yours truly, Christian«. Ich steckte den Brief in einen Umschlag und legte ihn in die englische Grammatik, für später.

Während ich noch den Brief überdachte, rief er

mich nach unten, knapp, befehlsgewohnt. Mein Vater stand am offenen Fenster, das Fernglas in der Hand, er deutete hinaus auf die Bucht: »Schau dir das an, Christian.« Da trieb unser Prahm und nicht weit von ihm unser Schlepper *Ausdauer*, beide waren durch eine Leine verbunden, eine Leine, die nicht zittrig gespannt war, sondern lose durchhing und schwappend ins Wasser tauchte. Durch das Glas konnte ich erkennen, daß unser Prahm beladen war, ich konnte auch Frederik auf dem Schlepper erkennen, der mit einem Bootshaken am Heck stand und da stieß und stocherte. »Los, komm«, sagte mein Vater, und wir gingen zum Steg, wo unser Schlauchboot lag, ich brachte uns hinaus, und wir legten beim Schlepper an.

Wie schnell mein Vater im Bilde war. Frederik brauchte ihm kaum zu sagen, daß der Schlepper in eine nicht ausgeflaggte Reuse geraten war, da reichte er mir schon die Klarsichtscheibe und das Bordmesser: »Geh runter, sieh mal nach.« Mit der Wut ihrer Drehungen hatte die Schraube sich hineingewalkt in die Reuse, hatte sie über sich gezogen, hatte sich selbst lahmgelegt oder stranguliert, ein Stück vom Reusenflügel hing da noch lose herab. Ohne aufzutauchen und ihnen zu sagen, wie es unten aussah, fing ich gleich an, mit dem Bordmesser zu arbeiten, in einer Masche steckte eine Makrele, die torpedohaft hineingeschossen und erstickt war, ich schnitt sie heraus, ich zerschnitt, immer wieder auftauchend, Luft holend, die harte, anscheinend gewachste Reusenschnur. Hätte das Bordmesser eine Säge gehabt, wäre es mir leichter gefallen, die Schraube aus der Verwicklung zu befreien, so aber mußte ich beim Schneiden drükken und pressen, bis es mir schließlich gelang, die Fesselung aufzulösen. Mein Vater und Frederik lobten meine Arbeit, sie verständigten sich mit wenigen Worten darüber, was nun zu tun sei.

Der Motor unseres Schleppers erwies sich als verläßlich, langsam, sehr langsam nahmen wir Fahrt auf, die schlaffe Leine zum Lastkahn hob sich aus dem Wasser, spannte sich, straffte sich, es kam soviel Zug auf die Leine, daß der Lastkahn sich folgsam bewegte, drehte und den Kurs des Schleppers aufnahm. Ich glaubte, daß wir die letzte Last zur Hafeneinfahrt bringen würden, um den Wellenbrecher aufzustocken, doch mein Vater hatte sich schon anders entschieden: Noch vor dem Wellenbrecher brachten wir den Anker aus, Frederik ging an die Winsch, und so, wie er es immer tat, lüftete er Stein für Stein, schwenkte ihn außenbords und versenkte ihn. Er schickte mich nicht nach unten, um die Lage der Steine zu überprüfen, es genügte meinem Vater, sie auf den Grund zu setzen, um, wie er nur sagte, die erste Wucht der anlaufenden Wellen zu brechen und sie dann abzufangen am Brecher vor der Hafeneinfahrt. Nicht gleich ließ sich die Wirkung dieser Arbeit erkennen, nachdem aber fast die ganze Last versenkt worden war, zeigte es sich, wie die in trägem Rhythmus anlaufenden Wellen sich veränderten, sie reckten und überschlugen sich, stürzten zusammen, verflachten blasig, wurden so schwach, daß sie wie erschöpft zerliefen, ohne Kraft, sich noch einmal zu sammeln, zu erheben.

Ein Ruderboot erschien bei der Vogelinsel; von langsamen Schlägen bewegt, hielt es auf Hirtshafen zu, eine Weile zumindest, unerwartet drehte es jedoch auf uns zu, und der Ruderer winkte ein paarmal und gab uns zu verstehen, daß er bei uns anlegen wollte. Mein Vater setzte das Glas ab, er sagte: »Mathiessen, der alte Vogelwart«, dann gab er mir ein Zeichen, dem Mann an Bord zu helfen. Leicht zur Frage angehoben, nannten sie ihre Vornamen und gaben sich die Hand: Wilhelm? Andreas?, das war ihre Art, sich zu begrüßen. Sie tranken Rum, die beiden alten Gefährten, und fragten einander ab, nach zu Hause, nach ihren Plänen und ihrem Befinden, und dabei erfuhr ich, daß Mathiessen Schluß gemacht hatte. »Ich hab eingepackt, Wilhelm, Rheuma. Die Station bleibt vorerst unbesetzt.« Gerade sei er zum letzten Mal in seiner Hütte gewesen, um ein paar persönliche Dinge zu holen und seine Aufzeichnungen des vergangenen Jahres: »Viel hat sich nicht ergeben.« Sie erörterten noch eine Rettungsübung der Marine auf hoher See, bei der ein Soldat ums Leben gekommen war, danach bekam ich den Auftrag, Mathiessen nach Hirtshafen zu schleppen. Er saß neben mir im Schlauchboot, in seinen gichtgekrümmten Fingern hielt er die Pfeife, als wollte er sie gegen einen Zugriff verteidigen, mitunter schloß er die Augen. Er schien nicht überrascht, als ich ihn fragte, was nun mit seiner Hütte geschehen sollte, er zuckte nur die Achseln. Ob er sie verkaufen wollte, fragte ich, und er darauf: »Solch ein Ding, Christian, steht nicht zum Verkauf.« »Soll sie dort stehenbleiben?« »Von mir aus soll sie dort stehenbleiben, vielleicht kann sie manch einem als Unterschlupf dienen oder als Herberge.« »Als Herberge?« »Bei schlechtem Wetter, ja.« »So leicht verirrt man sich nicht hierher.« »Sag das nicht, erst vor kurzem waren Leute in der Hütte, vielleicht haben sie Schutz gesucht, vielleicht wollten sie nur allein sein, mit sich – ich seh das gleich, ich spür das.« Er nickte, er mußte anscheinend bestätigen, was er sagte. »Und«, fragte ich, »vermißt du manchmal etwas?« »Niemals«, sagte er, »bisher hab ich noch nie etwas vermißt, und das gibt mir zu denken. Manchmal vergessen sie etwas, das schon, sie lassen etwas liegen, ein Taschentuch, eine angebrochene Tafel Schokolade oder eine Haarspange, aber keiner, der Unterschlupf sucht, nimmt etwas mit – so ist es, Junge, so ist es.« Während unserer Fahrt hatte er eine Schleppangel ausgelegt, lange Schnur, zwei Wobbler, vor der Hafeneinfahrt zog er sie ein und freute sich über die beiden Hornhechte. Nachdem ich sein Boot festgemacht hatte, gab er mir beide Fische und sagte:

»Bring sie nach Hause, Christian, deine Mutter wird sie bestimmt in Aspik einlegen, diese Burschen gehören in Aspik. Grüß schön«, sagte er noch und gab mir zum Abschied einen Schlag auf die Schulter.

Obwohl das Photo, das Stella und mich zwischen Sandburgen am Strand zeigte, mehrere Tage in meinem Zimmer stand, schien meine Mutter es nicht bemerkt zu haben, zumindest nahm sie es nicht in die Hand, stellte keine Fragen. Einmal aber hob sie es ins Licht und betrachtete es prüfend – es war an dem Tag, an dem ich einen Essay von Orwell durcharbeitete, und sie wollte es schon wieder wegstellen, als ihr plötzlich etwas auffiel: Sie setzte sich ans Fenster, führte das Photo nah vor ihre Augen, blickte mich an und wieder das Photo, mit ihrem wechselnden Blick suchte sie etwas zu ergründen und zu erfahren, was sie noch nicht wußte. Ein Ausdruck von Unzufriedenheit erschien auf ihrem Gesicht, offenbar mußte sie sich eingestehen, daß sie nicht – wie bisher – alles über mich wußte und daß ich ihr in gewisser Hinsicht abhanden gekommen war. Sie bestand darauf, alles zu wissen; vermutlich aus ihrem alten Bedürfnis, mir Enttäuschungen und Irrtümer und Schmerzen verschiedener Art zu ersparen. Wie lange sie sich schweigend in das Photo vertiefte, ich konnte nicht glauben, daß sich da etwas Besonderes erkennen ließ, ich wollte schon etwas sagen, als sie endlich in ihrer bedächtigen Sprechweise feststellte: »Sie sieht aber älter aus als du, Christian, die Frau neben dir.« »Es ist meine Englischlehrerin«, sagte ich, »wir trafen uns zufällig am Strand.« »Eine hübsche Frau«, sagte meine Mutter und fragte: »Hat sie Kinder?« »Soviel ich weiß, ist sie nicht verheiratet.« »Eine sehr hübsche Frau«, wiederholte meine Mutter. Nach dieser Feststellung wagte ich den Vorschlag: »Wenn du nichts dagegen hast, bringe ich sie mal mit, zum Kaffee.« »Deine Lehrerin?« fragte meine Mutter ungläubig. »Warum nicht«, sagte ich, »wenn ich sie einlade, kommt sie bestimmt, sie ist sehr nett.« »Das sieht man«, sagte meine Mutter und fügte hinzu: »Ihr habt Gefallen aneinander, auch das sieht man.« Ohne ein weiteres Wort stellte sie das Photo an seinen Platz, fuhr mir übers Haar und ließ mich allein.

Es war ihr Geheimnis, woher sie mehr wußte, als sie zu erkennen gab, und wenn nicht wußte, so doch ahnte, spürte. Sie sprachen beide im Bett über mich, und ich hörte bei angelehnter Tür zu, zufällig, sie waren spät nach Hause gekommen.

Mein Vater hatte das Photo noch nicht bemerkt, er schien zunächst nicht erstaunt darüber zu sein, daß ich ein Bild von Stella und mir auf meinen Tisch gestellt hatte, er sagte: »Ach, Jutta, so etwas kommt doch oft vor, jeder Junge hat den Wunsch, zu verehren, und das besonders, wenn die Lehrerin hübsch ist.« »Wenn es nur Verehrung wäre«, sagte meine Mutter, »gegen Verehrung hab ich nichts, aber bei Christian ist es mehr, glaub mir, es ist mehr.« »Was soll mehr sein?« »Wie sie dasitzen am Strand, vergnügt Hand in Hand, mit seiner Lehrerin Hand in Hand, und wie sie sich anschauen: Du mußt glauben, sie hätten aufeinander gewartet.« »Vielleicht hat Christian sich nur einfach verguckt. Ich kenne seine Lehrerin, sie sieht sehr gut aus.« »Auf dem Bild, da fehlt nicht viel, und sie wären sich um den Hals gefallen, ich meine, du mußt es dir dazudenken.« »Christian ist achtzehn, Jutta.« »Siehst du«, sagte meine Mutter, »und diese Lehrerin, sie ist wesentlich älter als er.« »Na und? Altersunterschied hat manchmal seine Vorteile.« Ich mußte still vor mich hin lachen, als er nach einer Pause mit veränderter Stimme, einer nun belustigten Stimme, sagte: »Darüber haben wir beide schon mal gesprochen, vor langer Zeit.« Auch nach dieser Anspielung auf gemeinsame Erfahrung gab meine Mutter sich nicht sorglos, sie mußte Christine erwähnen, meine Schulfreundin, die mich schon mehrmals abholen wollte zu einem Grillabend und jedesmal enttäuscht wegging. Mein Vater ließ sich Zeit, darauf zu antworten. »Manchmal ist es so: Du weißt nicht, was geschehen ist, manchmal bist du wehrlos.« Unwillkürlich setzte ich mich im Bett auf, so hatte ich meinen Vater noch nie reden gehört, ich erwog, den Türspalt zu vergrößern, doch ich tat es nicht, denn anscheinend blieb ihnen nun nichts mehr zu sagen, sie wünschten sich eine gute Nacht.

Es wird dich nicht wundern, Stella, daß ich gleich

am nächsten Morgen unser Photo in die Hand nahm, um zu finden, was meine Mutter glaubte herausgelesen zu haben, ich entdeckte nichts, was ihr recht gab oder ihre Ahnungen bestätigte.

Als hätte ich Stella dadurch näher sein können, nahm ich mir noch einmal Orwells Essays vor, ich gebe zu, daß mir einige Voraussetzungen zum Verständnis fehlten, aber was er über die kritische Aufnahme von *Farm der Tiere* voraussah, gab mir zu denken. Er erwartete, daß man sein Buch als Parabel auf die Entstehung und Praxis jeder Diktatur verstehen würde – mit einer Ausnahme: der russischen Diktatur; diese dürfte einem herabwürdigenden Vergleich nicht ausgesetzt werden. Ich nahm mir vor, nicht allein darüber mit Stella zu sprechen, sondern auch – wie Orwell es tat – über die Pressefreiheit in äußersten Situationen, zum Beispiel während eines Krieges. Ich stellte mir vor, daß wir darüber in der Klasse diskutierten, jeder sollte sich eingeladen fühlen, seine Meinung zu sagen. Es kam nicht dazu.

Ich mußte wieder daran denken, wie unser Hirtshafen aus seinem Schlaf geweckt wurde, als es plötzlich in den Rang eines Konferenzortes erhoben wurde, Fischereiexperten aus sieben Nationen trafen sich hier, um sich über das abzustimmen, was ihnen am Herzen lag, und vor allem, um Vorlagen für ihre Regierungen auszuarbeiten. Die Experten – zwei im Ministerrang – wohnten im *Seeblick*, vor dem Tag und

Nacht ein grüner VW-Transporter stand; das Hotel war beflaggt.

Nie hätte ich geahnt, daß Stella sich während dieses Ereignisses einmal öffentlich zu mir bekennen würde, nicht durch Worte, sondern durch eine Geste. Man hatte sie ausersehen und gebeten, die Stellung eines Hilfsdolmetschers anzunehmen, als Ersatz für den Simultanübersetzer des schottischen Experten, den die Grippe erwischt hatte. Frohgemut, aber auch ein wenig beklommen, erzählte sie von diesem Auftrag, beklommen deshalb, weil sie sich eingestehen mußte, nicht genug über Fischarten zu wissen. »Du siehst, Christian, es ergibt sich immer eine Gelegenheit, zu lernen.« Und sie lernte, was Knurrhahn auf englisch heißt, was Butt und was Zander, bei Makrele und Hering gab es keine Unsicherheit. Beim Empfang zur Eröffnung der Konferenz hatte ich mehr als einen Grund zur Verblüffung: Die Fischereiexperten aus sieben Nationen begrüßten einander so ungestüm, so ausdauernd, als hätten sie sich schmerzhaft entbehrt und als verlangte ihnen die Wiedersehensfreude besondere Standfestigkeit ab. Dies Händeschütteln, dies Schulterklopfen, diese Umarmungen und Ausrufe: Auf der Terrasse des *Seeblick* schien eine Familienfeier stattzufinden, eine ersehnte. Als die Delegation sich anschickte, in den großen Saal zu ziehen – Stella hatte mich aufgefordert, bei der Konferenz dabeizusein, »Hör dir das einfach mal an« –, folgte ich einem

Paar, das sich Arm in Arm bewegte, beide hatten ein Namensschild am Revers, auf dem ein springender Fisch zu sehen war, vermutlich eine Meerforelle, auch Stella trug solch ein Namensschild. Bevor ich noch den großen Saal betrat, spürte ich einen harten Griff am Oberarm, ich wurde zur Seite gezogen, ein hochgewachsener Sicherheitsbeamter fragte mich, keineswegs unfreundlich: »Delegierter?«, und da ich nicht gleich antwortete, winkte er einen Kollegen heran, der mich am Handgelenk packte und mit der Bemerkung »Ruhig, nur ruhig!« zu einer Ecke mit Zimmerpflanzen ziehen wollte. Das hatte Stella gesehen, mit energischen Schritten kam sie auf uns zu, und in einer Tonart, die ich noch nie von ihr gehört hatte, zischte sie die Männer an: »Mein Referent, lassen Sie ihn sofort los«, und dabei tippte sie auf ihr Namensschild. Du nahmst mich an die Hand, die beiden Ordnungskräfte schauten sich unschlüssig an, jedenfalls ließen sie von mir ab, und wir gingen, als gehörten wir zueinander, in den großen Saal. Ich fand einen Platz in der ersten Reihe, vor der Tribüne, Stella stieg zu ihrem Delegierten hinauf, einem backenbärtigen schottischen Fischereiexperten, der gelassen vor sich hin blickte.

Ein norwegischer Fischereiexperte sprach zur Begrüßung, er redete die Gesellschaft mit »My dear friends and colleagues« an, sein Englisch klang nahezu melodiös, über seinen Dolmetscher verkündete er die frohe Botschaft, daß die letzte Quotenregelung für die Heringsfischerei in der Nordsee den erwarteten Erfolg gebracht hatte. Diese Feststellung wurde mit Beifall quittiert; ich hatte den Eindruck, daß alle zu diesem Erfolg beigetragen hatten. Es wurden noch zwei Kurzreferate gehalten, der schottische Experte sprach mit Hilfe von Stichworten, die er sich notiert hatte, er sprach von der dramatischen Situation der Aalfischerei, er glaubte voraussagen zu müssen, daß der Aal bald aus unseren Gewässern verschwinden würde, wenn wir nicht Schutzbestimmungen einführten; die Schuld an dieser Situation gab er nicht allein der wilden Fischerei, sondern auch den veränderten Atlantikströmungen, die den kleinen Glasaalen, die immer noch von der Sargassosee zu uns kamen, nicht mehr gewogen waren. Nur ein paarmal fragte Stella nach, mitunter rettete sie sich wohl auch in Umschreibungen – ich merkte es an ihrem Zögern, an dem Aufwand an Wörtern. Der schottische Experte dankte ihr, indem er eine Verbeugung andeutete und ihr lächelnd ein Papier zuschob, einen geschriebenen Glückwunsch, wie ich annahm. Später entdeckte ich, daß dieser Mann ein Schnellzeichner war, der Stella als Meerfrau porträtiert hatte, mit schön gebogenem Fischschwanz. Du sahst so märchenhaft gut aus, Stella, daß ich dir überallhin gefolgt wäre, auch auf den Grund der See.

Ihm, dem schottischen Experten, blieb es später

vorbehalten, eine Pause anzukündigen, schmunzelnd wies er auf das mit Tüchern bedeckte Buffet und erklärte: »The Bazaar is open.«

Stella nickte ihm zu, wir gingen gemeinsam zum Buffet, mein Kompliment überhörte sie. Als sei es ihre Aufgabe, nahm sie mir meinen Teller ab und erläuterte das Angebot und füllte mir Proben auf. Welch eine Auswahl! Allein den Hering gab es da in mindestens zwölf verschiedenen Variationen, in Aspik, in Kräutern, geräuchert, gebraten und selbstverständlich als Matjes, auch mit eingerollten Gurkenstücken gab es ihn und mit Eischeiben belegt. Daneben schimmerten rosafarbene Lachsstücke und Heilbuttfilets und dunkelrote Thunfischwürfel, Seezungenfilets boten sich an, Hechtröllchen und blasse Stücke vom Seeteufel, für die Fischereiexperten aus sieben Nationen war der ganze Segen des Meeres aufgetischt; daß der Aal fehlte, wunderte mich nicht. Einmal stieß ich mit dem schottischen Experten zusammen, anerkennend musterte er meinen Teller; nach höflicher Entschuldigung fragte er mich, ob ich Fischer sei, »native fisherman«; als ich darauf sagte: »We are only fishing for stones«, lachte er, offenbar hielt er es für einen Witz.

Mir entging nicht, daß er Stellas Nähe suchte; mit wem er auch sprach – immer blickte er an seinem Partner vorbei oder über ihn hinweg, um Stella zu suchen. Bei gedünsteter Makrele, die wir an einem Stehtisch aßen, zeigte sie mir seine Schnellzeichnung, er hatte dich mit langem Haar dargestellt, mit großen verträumten Augen, beim Anblick deines gebogenen, beschuppten Fischschwanzes mußte ich dich sogleich berühren. Sie entzog mir nicht ihre Hand, lässig winkte sie einem polnischen Fischereiexperten, »Bis gleich, ich komme gleich«, und im Abdrehen sagte sie zu mir: »Heute abend, Christian, ich erwarte dich, klopfe nur ans Fenster«, und auf das launige Porträt hinabsprechend fügte sie lächelnd hinzu: »Come and see.«

Daß die Fischereiexperten auch eine musikalische Einlage schätzten, bewiesen sie durch ihren Beifall, mit dem sie einen Sänger empfingen, der von ihrem Vorsitzenden engagiert worden war. Von eigener Gitarre begleitet, sang er von ihrer Sehnsucht und ihrem Sorgenelement, da wurde das Meer beschworen und der Wind und nicht zuletzt eine kummervolle Mutter, die auf die Heimkehr des fernen Nächsten wartete; den Beifall spendeten sie im Takt. Auch Stella klatschte, und als einige der Fischereiexperten später an die Bar zogen, ging sie nicht mit.

Nach einem kurzen Gespräch mit einem Delegierten – er glaubte, mir im Fischereibiologischen Institut in Bergen begegnet zu sein – bemerkte ich, daß Stella nicht mehr im Saal war; ich verließ das *Seeblick*, ich schlenderte am Strand entlang und dann den Küstenweg hinab, sehr gemächlich, denn ich wollte ihr Zeit lassen. Erfüllt von Vorfreude, beschloß ich, mit Stella über die Zukunft zu sprechen, über unsere Zukunft, ich wollte sie bekannt machen mit meinem Entwurf für ein gemeinsames Leben, ich hatte diesen Entwurf rücksichtslos bedacht, denn ich glaubte ein Recht zu haben auf die Dauer meiner Empfindungen. So machte ich mich auf den Weg nach Scharmünde. Licht brannte in Stellas Zimmer, eine kleine Leselampe, sie selbst war nicht da; ich stieg über den niedrigen Gartenzaun, schlich zu den Sonnenblumen und linste in die Küche, und da sah ich beide: Aus einer Kasserolle goß Stella eine Flüssigkeit in ein Schüsselchen, und er, der alte Bordfunker, saß auf einer Bank und blickte ihr erwartungsvoll entgegen. Während sie arbeitete, sprach sie ab und zu kurz zu ihm hin, gerade so, als wollte sie seine Ungeduld dämpfen; es wunderte mich, mit welcher Aufmerksamkeit ihr Vater sie beobachtete, besonders, als sie begann, Brot zu schneiden, ein schweres Landbrot, wie es schien, von dem sie die Scheiben mit zusammengepreßten Lippen abschnitt. Sie stand über dem Brot und setzte das Messer berechnet an und drückte, drückte mit ganzer Kraft, manchmal blies sie mit vorgeschobener Unterlippe über ihr Gesicht. Brot und Schüsselchen stellte sie ihrem Vater hin, sie setzte sich zu ihm und sah zu, wie er aß, schnell aß, mit erkennbarem Altershunger oder sogar einer Altersgier. Vielleicht, um ihn zu belobigen, klopfte sie ihm sanft auf die Schulter, und als er die letzte Brotscheibe über dem Schüsselchen brockte, küßte sie ihn auf die Stirn, und der alte Bordfunker griff nach ihrer Hand und hielt sie ohne ein Wort für einen Moment in der seinen.

Ich verließ meinen Platz zwischen den Sonnenblumen, ich ging um das Haus herum, warf noch einen Blick in Stellas Zimmer und machte mich auf den Weg nach Hause, in der Dämmerung jetzt, einig mit mir selbst und mit dem Vorsatz, ihr gleich zu schreiben, warum ich nicht an ihr Fenster geklopft hatte. Ich konnte es nicht; das Bild in der Küche vor Augen, konnte ich es nicht.

Ich schrieb noch, als es an meiner Tür kratzte, nicht klopfte, sondern kratzte, so wie Hunde oder Katzen es tun, wenn sie Einlaß begehren.

Sonja stand vor der Tür, barfuß, in ihrem ärmellosen Kleid, die kleine Nachbarin grüßte nicht, sie kam einfach herein wie so oft, und auf meine Bemerkung »Du hättest längst im Bett sein müssen« sagte sie: »Ich bin allein zu Hause.« Selbstbewußt trat sie an meinen Arbeitstisch, hob sich auf den Stuhl hinauf, lächelte und legte da etwas hin. »Für dich, Christian, ich hab es für dich gefunden.« Vor dem Photo, das Stella und mich zeigte, lag ein Stück Bernstein, nicht größer als ein Würfel, schlierig an den Rändern, doch klar und blank in der Mitte. »Hast du es am Strand gefunden?« »Es hing an einer Tangpflanze, an einer ausgerissenen Tangpflanze.« Ich gab Sonja mein Vergrößerungsglas, und sie suchte, suchte genau, selbstverständlich wußte sie, was im Bernstein gefunden werden kann, und als hätte sie es erwartet oder erhofft, stellte sie fest: »Ja, Christian, da ist etwas drin.« Das Glas wanderte hin und her zwischen uns, unsere Suche war erfolgreich, wir bestätigten uns den Erfolg: »Ein Käfer, Christian, ein kleiner Käfer!« Und ich ergänzte: »Auch eine Mücke, beide haben nicht aufgepaßt, als die Harzträne hinabrollte, und jetzt werden sie für immer drinbleiben im Bernstein.« Das genügte ihr, sie gab sich zufrieden mit meiner Erklärung, mehr als die gefangenen Insekten interessierte sie das Photo von Stella und mir, sie nahm es in die Hand: »Deine Lehrerin, nicht?« »Ja, Sonja, Frau Petersen, meine Lehrerin.« Lange erwog sie, was das Photo preisgab, plötzlich fragte sie: »Habt ihr euch lieb?« »Warum fragst du?« »Wenn ihr euch liebhabt, wirst du bestimmt versetzt.« »Ich schaffe es auch so«, sagte ich. »Bald werde ich sie auch als Lehrerin haben!« »Du kannst dich darauf freuen, Sonja, denn der Unterricht bei ihr macht Spaß.« »Und wenn sie hier wohnt: Darf ich euch dann auch besuchen?« »Immer, du darfst immer zu uns kommen.« Sie dachte darüber nach, ich zweifelte nicht, daß sie mehr fragen wollte, so sehr beschäftigte sie mein Verhältnis zu Stella, doch dann wurde sie gerufen, ich erkannte sofort die Stimme der Mutter, eine schneidende, unsympathische Stimme, die, wie ich manchmal dachte, selbst die Wasservögel in der Bucht beunruhigte. Ich dankte Sonja für den

Bernstein und versprach ihr, ihn neben dem Photo liegenzulassen.

Wieder allein, holte ich mein Sparbuch aus der Schublade, lange hatte ich es nicht berührt, das Sparbuch, das sie mir zur Konfirmation geschenkt hatten mit einem Betrag von hundert Mark und das jetzt ein Vermögen von zweihundertvierzig Mark auswies. Ich beschloß, einhundertfünfzig Mark abzuheben, ich wußte noch nicht, wofür ich das Geld gebrauchen würde, mir kam es nur darauf an, es für alle Fälle bei mir zu haben.

Mein Vater vermutete, daß ich heimlichen Bedürfnissen folgte, als ich ihm auf unserem Schlepper den Vorschlag machte, mich für meine Arbeit in den Ferien und nach der Schule bei ihm anders zu bedenken, regelmäßiger, auch großzügiger. Auf dem gemeinsamen Heimweg – wir saßen an Bord und rauchten – fragte ich ihn, ob er nicht feste Preise einführen könne für meine Tätigkeit, für die Ausflugsfahrten mit der *Katarina*, für die Arbeit auf dem Prahm. So verblüfft wie damals hatte er mich noch nie angesehen, verblüfft und auch mißtrauisch. Zuerst fragte er: »Wozu brauchst du das Geld?« Und da ich schwieg, wollte er wissen, in welcher Weise er mich entlohnen solle. Ich rechnete ihm vor, daß ich mit einem Lohn von fünf Mark für eine Ausflugsfahrt zufrieden sei und daß ich weitere fünf Mark für meine Arbeit auf dem Prahm für angemessen hielte, er tat so, als kalkulierte er die genannten Summen, vielleicht setzte er sie in Beziehung zu dem Gehalt, das er Frederik zahlte und das mir bekannt war, jedenfalls machte er keine Gegenrechnung auf, und nach einer Weile fragte er: »Aber wohnen, Christian, wohnen willst du doch noch bei uns, oder?« Mir entging nicht die leise Ironie, ich fand keine Antwort auf seine Frage, ich war sogar erleichtert, daß er sie mir erließ. Aufmunternd sah er mich an, stieß mich in die Seite und sagte mir: »Komm«, und wir gingen von Bord und den erlaufenen Weg nach Hause, beim Schuppen legte er mir eine Hand auf die Schulter und ließ sie dort liegen, bis wir vor unserer Tür waren. Anscheinend fiel ihm hier wieder ein, was ihn beschäftigte und was er regeln mußte, wir gingen zurück zum Schuppen, er zog mich hinein, und stumm gingen wir zu der Leiter, die auf einen kleinen eingezogenen Boden hinaufführte. In diesem Augenblick wußte ich, worauf er aus war; hinter altem Tauwerk und Netzen und Bambusstangen war mein Versteck, das er entdeckt hatte und dessen angehäufte Dinge er erklärt haben wollte. Ein paar Konservendosen lagen da, zwei Tüten Mehl, Trockenobst, Nudeln, auch Schiffszwieback. Wer das hier sah, mußte annehmen, daß ich auf große Fahrt gehen wollte. Mein Vater wies auf das heimlich zusammengetragene Vorratslager, und mit gespielter Bewunderung sagte er: »Das reicht für eine Weile, ich meine, für einen eigenen Hausstand.« Diesmal fiel mir eine Antwort ein, ich erzählte ihm, daß wir auf eine große Klassenreise gehen und ein paar Tage in einem Zeltlager bleiben wollten; er lächelte, ich war nicht sicher, ob er mir glaubte. Nachdem wir uns getrennt hatten, er stand schon auf der Leiter, kam er auf meinen Vorschlag zurück, in beiläufigem Ton sagte er: »Geht in Ordnung, Christian, schreib nur die Stunden auf.«

Frederik hatte immer einen Flachmann bei sich, ob er auf dem Prahm arbeitete oder auf dem Schlepper, ob er auf der Bank vor dem Schuppen saß oder zur Vogelinsel fuhr: Von Zeit zu Zeit griff er in seine Brusttasche und holte den Flachmann heraus und setzte ihn an die Lippen, eine im Lederbezug steckende Metallflasche, die mit seinem Lieblingsrum gefüllt war. Das tat er gewiß auch an jenem Nachmittag, als er querab vom *Seeblick* bei zunehmender Windstärke aus dem Schlauchboot kippte und den Zuschauern, die sich auf der Holzbrücke einfanden, ein unterhaltsames Ferienerlebnis anbot. Ich zweifelte nicht, daß das Schlauchboot von einer unterlaufenden Welle angehoben wurde, als er den Außenbordmotor neu einstellen wollte, er kippte ins Wasser, und nun schwamm er, schwamm, während das Schlauchboot immer noch Fahrt machte, aber keinen geradlinigen Kurs einhielt, sondern sich in Kreisen um den Schwimmer bewegte, in weitläufigen, mitunter in engen Kreisen. Bei dem Versuch, die ringförmige Leine des Schlauchboots zu fassen, geriet der Schwimmer in Gefahr, unter Wasser gedrückt zu werden, er tauchte dann seitlich weg, manchmal mußte ich glauben, das Boot habe es auf ihn abgesehen und machte Jagd auf ihn, er rettete sich dann mit hastigen Schwimmstößen.

Plötzliche Böen kündigten schweres Wetter an, einer der ersten Fischkutter, die von der See heimkehrten, drehte bei und nahm Frederik an Bord und das Schlauchboot in Schlepp, alle Kutter strebten in die Sicherheit des Hafens. Die Zuschauer auf der Brücke verliefen sich, im Kaffeegarten des *Seeblick* bargen Kellner Sonnenschirme und Tischtücher und Girlanden, auch zwei Hochseekutter kamen herein, die draußen nach Dorsch gefischt hatten. Lang hereinrollende Wellen von der See warfen sich auf, hoben sich wie unter einem Griff, bevor sie zusammenstürzten und die Wucht ihres Sturzes ahnen ließen. Die Wolken, dunkel, zerrissen, trieben niedrig. Auf einmal sah ich ihn, auf einmal sah ich den Zweimaster draußen, der in unsere Bucht hineinkreuzte, stetig kam er auf bei steifem Nordost. Obwohl ich den Namen nicht lesen konnte, wußte ich sofort, daß es die *Polarstern* war und daß sie Stella nach Hause brachte, zu mir brachte. Nach einem erkennbaren Schlag lief sie einen Moment vor dem Wind energisch und mit vollen Segeln, es gab keinen Zweifel, daß sie den Hafen ansteuerte. Ich sprang von der Brücke auf den Strand und lief am Strand entlang zur Hafenmole, auch dort standen Leute und beobachteten die Heimkehr der Kutter, unter ihnen der alte Tordsen, der weniger bestellt oder gewählt worden, sondern nach stillschweigender Übereinkunft unser Hafenkapitän war. Er, der Hafenkapitän, hatte nur Augen für den Segler, er brauchte nicht zu erraten, was die Besatzung vorhatte. Als hätte er Anweisungen zu geben, sprach er halblaut vor sich hin, empfahl oder warnte: »Nehmt das Großsegel weg, kommt mit Motorkraft rein, laßt die Fock stehen, allein die Fock, bleibt draußen, laßt den Anker fallen.« Er sprach es gegen den Wind, fluchte mitunter, stöhnte, begleitete jede Phase des Manövers, ich stand knapp hinter ihm, ich spürte eine Angst aufkommen und mit der Angst einen unbekannten Schmerz. Es war nicht auszumachen, wer auf der *Polarstern* am Ruder stand, an Deck waren mehrere Gestalten zu erkennen. Einmal drohte sie querzuschlagen, doch ein mächtiger Windstoß brachte sie wieder auf Kurs, und es sah so aus, als könnte der Segler den Hafen in tollkühner Fahrt gewinnen, doch plötzlich hob sich das Schiff, hob sich dort, wo wir die letzte Last der Steine versenkt hatten, eine unerwartete Kraft riß es über das Hindernis hinweg, »Idioten«, schrie Tordsen, »ihr Idioten«; er und wir mußten zusehen, wie der Bug eintauchte und gleich wieder hochgeworfen wurde, sich einen Augenblick zu schütteln schien und sich dann schräg legte und auf die steinerne Wand der Hafeneinfahrt zuschnellte, abermals hochgedrückt wurde und gegen die Steinwand krachte. Der vordere Mast brach und schlug aufs Deck auf, schwenkte seitlich aus und riß zwei der Gestalten von Bord, schleuderte sie in den Spalt zwischen Steinwand und Bootskörper. »Die werden zerdrückt«, rief Tordsen und befahl mir: »Los, Christian, abstemmen, hilf ihnen beim Abstemmen.«

Zu dritt hingen wir an der Bordwand und versuchten, das Boot, das sich hob und senkte, von der Steinwand fernzuhalten, konnten jedoch nicht verhindern, daß es sich bei jähen Berührungen rieb, knirschend auffuhr, und wenn sich der Spalt für einen Augenblick verbreiterte, sah ich unter mir im Wasser zwei Körper, schlaff, trudelnd. Zu ihnen hinabzusteigen war riskant, Tordsen winkte einen Fischkutter heran, der Fischer reichte uns ein Seil mit eisernem Haken herüber – einen Haken, mit dem sie Reusen auffischten, die sich selbständig gemacht hatten – und behutsam setzten wir das Gerät ein.

Zuerst hakten wir einen jungen Mann an seinem Anorak auf, wir hievten ihn an Deck, legten ihn ab, und einer machte sich an ihm zu schaffen und bearbeitete seine Brust. Ich ließ es nicht zu, daß wir auch den zweiten Körper aufhakten, ich hatte Stella sogleich erkannt, den qualvoll aufgerissenen Mund, das in die Stirn fließende Haar, die willenlos pendelnden Arme, ich ließ mich festbinden und glitt in den Spalt, stemmte mich mit den Beinen ab, griff, tief gebeugt, ein paarmal ins Leere, doch schließlich packte ich ihr Handgelenk, faßte nach, unterfing sie, und auf mein Zeichen zogen sie uns hinauf.

Wie du da auf Deck lagst, Stella, reglos, mit zusammengelegten Armen, ob du noch atmetest, konnte ich nicht erkennen, ich sah, daß du aus einer Kopfwunde blutetest.

Ich hatte den Wunsch, ihr Gesicht zu streicheln, gleichzeitig spürte ich eine eigentümliche Scheu, sie zu berühren, ich weiß nicht, warum, vielleicht, weil ich keine Zeugen haben wollte bei der Intimität der Liebkosung. Diese Scheu dauerte nicht lange; als Tordsen dem Fischer befahl, die Ambulanz zu rufen, sofort, zur Mole, kniete ich mich neben Stella hin, führte ihre Hände über der Brust zusammen und drückte, pumpte, wie ich es so oft gesehen hatte, bis zuerst in kleinem Schwall, dann in schwachen Stößen Wasser aus ihrem Mund trat. Da ihre Augen geschlossen waren, sagte ich, bat ich: »Sieh mich an, Stella«, und jetzt streichelte ich ihr Gesicht und wiederholte meine Bitte: »Sieh mich an, Stella.« Sie öffnete die Augen, ein verständnisloser, ein Blick von weit her ruhte auf mir, ich hörte nicht auf, sie zu streicheln, langsam änderte sich ihr Blick, er bekam etwas Suchendes, Fragendes, gewiß suchte sie etwas auf dem Grund der Erinnerung. »Christian«, als sie die Lippen bewegte, glaubte ich, daß sie meinen Namen aussprach, doch ich war mir nicht sicher, dennoch sagte ich: »Ja, Stella«, und sagte auch: »Ich bringe dich in Sicherheit.«

Die beiden Männer aus dem Krankenwagen kamen mit einer Tragbahre auf die Mole, doch auf dem Segler hatten sie es sich anders überlegt, sie breiteten eine grüne Persenning auf dem Deck aus, achtsam legten sie Stella so auf den harten Stoff, daß ihr Körper beim Anheben umschlossen war, dann verständigten sich die Träger mit einem Nicken und bugsierten die Last von Bord. Bei ihren Bewegungen schaukelte Stellas Körper ein wenig, es fiel mir schwer, den Anblick zu ertragen, ich hatte auf einmal das Gefühl, selbst in der Persenning zu liegen. Vor ihrem Wagen setzten sie die Last ab, stellten die Tragbahre daneben und betteten Stella um, und nachdem sie Sicherheitsriemen festgezogen hatten, schoben sie die Bahre in ihren Wagen, in das maßgerechte Gestell. Ohne um Erlaubnis zu fragen, setzte ich mich auf den Klappstuhl neben dem Gestell, einer der Männer wollte wissen, ob ich ein Angehöriger sei, er fragte nur: »Angehöriger?«, und ich sagte »Ja«, und er ließ mich dort sitzen, sehr nah an Stellas Gesicht, das jetzt einen Ausdruck von vollkommener Gleichgültigkeit angenommen hatte, oder von Ergebenheit. Während der Fahrt sahen wir uns unverwandt an, wir sprachen nicht, machten auch keinen Versuch zu sprechen, einer der Männer telefonierte mit der Aufnahme des Krankenhauses und kündigte uns an. Vor dem überdachten Eingang zur Aufnahme wurden wir bereits erwartet, ein junger Arzt nahm uns in Empfang, er besprach sich kurz mit den beiden Männern, mich schickte er in einen Büroraum, zu einer alten Schwester, die nur flüchtig aufblickte von ihrem Schreibblock. Während sie schrieb, fragte sie: »Angehöriger?«, und ich sagte: »Meine Lehrerin«, das schien sie zu erstaunen, sie wandte sich mir zu, sie betrachtete mich neugierig, auf solch eine Antwort war sie wohl nicht vorbereitet.

Es war nicht meine Idee, Stella im Krankenhaus zu besuchen, Georg Bisanz schlug es mir am Ende des Unterrichts vor, er kannte die Besuchszeiten, mehrmals war er schon dort gewesen, um seine Großmutter zu besuchen, die, wie er sagte, zum zweiten Mal gehen lernte und die darauf wartete, daß ihr wieder Haare wuchsen.

Zu viert machten wir uns auf den Weg, und als die alte Krankenschwester erfuhr, daß wir unsere Lehrerin besuchen wollten, begrüßte sie uns freundlich und nannte uns Stockwerk und Zimmernummer, zu Georg sagte sie: »Du kennst dich ja aus bei uns.« Stella lag in einem Einzelzimmer, wir traten leise ein, schoben uns langsam zu ihrem Bett, mich ließen sie vorangehen, ein Beobachter hätte glauben können, sie suchten Deckung hinter mir. Bei unserem Eintreten wandte Stella den Kopf, zuerst schienst du uns nicht wiederzuerkennen, weder Freude noch Überraschung, noch Hilflosigkeit zeigten sich auf ihrem Gesicht, sie starrte nur, starrte;

erst als ich nah an sie herantrat, ihre auf dem Zudeck liegende Hand nahm, hob sie den Blick und sah mich verwundert an, und es kam mir so vor, als flüsterte sie meinen Namen. Georg Bisanz faßte sich als erster von uns, er hatte das Bedürfnis, etwas zu sagen, und auf Stella hinabsprechend redete er sie mit »Liebe Frau Petersen« an und schwieg dann – gerade so, als hätte er die erste Hürde genommen – und setzte nach einer kurzen Pause fort: »Wir haben von Ihrem Unglück erfahren, liebe Frau Petersen, und wir sind gekommen, um Ihnen alles Gute zu wünschen. Und weil wir wissen, daß Sie gern kandierte Früchte essen, haben wir Ihnen etwas von Ihrer Lieblingsknabberei« – er sagte tatsächlich Lieblingsknabberei – »mitgebracht, anstelle von Blumen. Wir haben zusammengelegt.« Stella reagierte nicht auf seine Worte, nicht einmal mit ihrem uns so vertrauten nachsichtigen Lächeln. Der kleine Hans Hansen, der auch im Winter kurze Hosen und Ringelsöckchen trug, glaubte ebenfalls etwas sagen zu müssen, sehr ernst bot er sich an, ihr zu helfen, falls sie Hilfe benötige, Stella brauche nur zu sagen, was er für sie übernehmen könne, »nur ein Wort, Frau Petersen, und alles läuft klar«. Auch auf dieses Angebot reagierte Stella nicht, abwesend, in sich gekehrt lag sie da, ich spürte, daß auch ich sie nicht erreichen konnte, zumindest nicht, solange meine Klassenkameraden anwesend waren. Immer heftiger, immer drängender wurde der Wunsch, mit ihr allein zu sein.

Ich weiß auch nicht, wie Georg Bisanz darauf kam, Stella etwas vorzusingen, ihr Lieblingslied, das wir von ihr gelernt hatten, das Lied *The Miller of the Dee*. Georg stimmte es sogleich an, und alle fielen ein, unversehens befanden wir uns in der Klasse, Stella stand uns wieder vor Augen, wie heiter sie dirigierte, wie zutraulich sie uns ermunterte, unsere Stimmen zu erproben; wir sangen laut und wohl auch hingebungsvoll. Es war das einzige Lied, das wir auf englisch singen konnten, sie hatte es uns nur wenige Male vorgesungen. Per Fabricius war so begeistert von ihrer Stimme, daß er sie bitten wollte, uns auch andere Lieder vorzusingen, auch Schlager, und er dachte an *I've got you under my skin*. Während wir sangen, schauten wir sie an, darauf aus, ein Echo zu erkennen, doch ihr Gesicht gab nichts preis, und ich wollte mich schon abfinden mit ihrer Unerreichbarkeit, als etwas geschah, das mich glücklich machte: Tränen erschienen auf deinem Gesicht. Stella bewegte nicht die Lippen, sie hob nicht die Hand, plötzlich erschienen Tränen auf ihrem Gesicht. Das geschah, als wir auf die Selbstzufriedenheit des Müllers kamen, der keinen beneidete und, wie er annahm, von keinem beneidet wurde. Vielleicht von unserem Gesang angezogen, trat der junge Arzt ein, der uns bei der Aufnahme in Empfang genommen hatte, er nickte uns flüchtig anerkennend zu und beugte sich über Stella, legte zwei Finger an ihren Hals, und dann sagte er zu uns: »Ich möchte die jungen Herren bitten, der Patientin Ruhe zu gönnen, sie hat es nötig.« Mehr sagte er nicht, wie vermutlich mancher von uns gehofft hatte. Wir schoben ab und wurden bei offener Tür kurz Zeugen, wie Georg Bisanz seine Großmutter begrüßte und einige Worte mit ihr sprach, leutselig, aufmunternd, in der Art, wie man mit alten Leuten spricht.

Ich trennte mich von meinen Klassenkameraden, ich ging nicht nach Hause, über einen Umweg kehrte ich zum Krankenhaus zurück und setzte mich auf eine der Bänke, die von ehemaligen Patienten gestiftet worden waren, mit einem Namensschild hatten sich die Stifter verewigt. Ich setzte mich auf das Geschenk von Ruprecht Wildgans und wartete, wartete auf den jungen Arzt, von dem ich das Wichtigste über Stella erfahren wollte. Die Besuchszeit näherte sich dem Ende, es war aufschlußreich, die Leute zu beobachten, die durch die Schwingtür kamen, immer noch unter dem Eindruck des Wiedersehens mit ihren Angehörigen. Unwillkürlich stellte ich mir vor, was sie gesehen, was erfahren hatten, die alte Frau mit dem harten, verschlossenen Gesicht, die elegant gekleidete junge Frau mit dem aufgeputzten kleinen Mädchen an der Hand, das, kaum auf der Straße, zu hüpfen begann, der eilige Bursche, der zum Parkplatz lief, die zahlreiche, offenbar türkische Familie – ich glaubte drei Generationen zu erkennen –, die sich mit Körben und Tüten beschwert hatte, auch ein

Marineoffizier kam mit einem Stechschritt durch die Schwingtür. Der Arzt, auf den ich wartete, erschien nicht. Ich war geübt im Warten. Am Fenster von Stellas Krankenzimmer zeigte sich nichts. Ich mußte an eine Hochzeit denken, bei der ich zum ersten Mal als Gast dabei war, Tante Trude, die jüngste Schwester meiner Mutter, heiratete einen Kioskbesitzer, der von belegten Brötchen und Würstchen und Erfrischungsgetränken lebte, mein Vater, gedrängt vom Brautpaar, hielt die Tischrede, und was ihm einfiel, gipfelte in dem Bekenntnis, das auch als Ratschlag verstanden werden sollte: »Wenn zwei zusammenleben wollen, müssen sie sich von Anfang an darüber einig sein: Wer macht rein, wer sorgt für das Essen.« Die Vorstellung, daß dies auch für Stella und mich gelten könnte, wollte mir nicht gelingen.

Zwei Schwestern in ihrer Tracht kamen durch die Schwingtür und nach ihnen ein alter Mann, der, kaum im Freien, sofort eine Pfeife stopfte und sie anzündete, hastig, wie ein Süchtiger, er paffte heftig, blickte sich um und schnürte auf mich zu. Mit einer Handbewegung bat er mich um Erlaubnis, sich neben mich setzen zu dürfen, halblaut las er den Namen Ruprecht Wildgans, zuckte die Achseln, als wollte er sagen: »Warum nicht?«, und dann setzte er sich. Er hielt mir die Pfeife hin: »Da drin darf man nicht rauchen.« »Ich weiß«, sagte ich, »ich weiß.« Die Art, wie er mich betrachtete, hatte etwas Herausforderndes, er schien sich zu fragen, ob ich geeignet sei für ein Gespräch auf der Bank, es entging mir auch nicht, daß er unter Druck stand und etwas loswerden wollte. Ohne selbst eine Frage zu stellen und ohne sich einzuleiten, sagte er unvermittelt: »Es ist nicht sicher, ob mein Sohn durchkommt, ist nicht sicher, das meinte eben auch sein Arzt.« »Ist er krank?« »Krank?«, wiederholte er, und so, wie er dies Wort aussprach, klang es ein wenig abschätzend. »Man kann wohl sagen, daß er krank ist, kopfkrank möchte ich das nennen.« Er sog an seiner Pfeife, er ächzte, aus Erbitterung, aus Verzweiflung, und auf sein Unglück anspielend, auf ein Unglück, das ihn gesprächig machte, sagte er: »Er hat Hand an sich gelegt.« Ich verstand nicht gleich, was er damit sagen wollte, nach kurzem Bedenken aber klärte er mich auf: »Niemals werden wir verstehen, daß er dies getan hat, er hat sich in die Brust geschossen, er wollte sein Herz treffen, doch er hat es knapp verfehlt.« Der alte Mann schüttelte den Kopf wie in Abwehr gegen das, was er jetzt dachte, er biß sich auf die Lippen, zögerte, sprach dann aber weiter, sein Unglück zwang ihn anscheinend dazu. Er wollte nicht wahrhaben, daß einer sich heutzutage umzubringen versucht, weil er sein Examen nicht bestanden hat, ein hochbegabter, bei allen beliebter Junge, der wußte oder wissen mußte, wieviel man getan hat für seine Zukunft. »Vor zweihundert Jahren, ja, aber heute?« Um loszukommen von seinem Unglück, wandte er sich mir zu und nahm sich das Recht – das begründbare Recht –, mich zu befragen, er wollte wissen, was mich hergeführt hatte: »Und du? Hast du einen Angehörigen da drin?« Ich sagte: »Meine Lehrerin«, und fügte hinzu: »Ein paar Klassenkameraden und ich haben unsere Lehrerin besucht, sie hatte einen schweren Unfall.« »Verkehrsunfall?« »Im Hafen«, sagte ich, »bei Sturm, sie wurde gegen die Mole geschleudert.« Er dachte nach, vielleicht versuchte er sich vorzustellen, was da geschehen war, er sagte: »Unsere Lehrer, ach ja«, und dann: »Ihr verehrt sie wohl?« »Mehr«, sagte ich, worauf er mich grüblerisch ansah, mit meiner Antwort jedoch zufrieden war.

Warum er mich plötzlich ohne Dank, ohne Abschiedsgruß verließ, ahnte ich, als er auf die beiden weißgekleideten Männer zustrebte, die vor der Schwingtür erschienen waren. Sie gingen, in ein Gespräch vertieft, zu dem schlichten Pavillon, er schlurfte ihnen hinterher, gewiß in der Absicht, sich seine Hoffnung bestätigen zu lassen. Der Arzt, auf den ich wartete, kam und kam nicht. Ich bin geübt im Warten.

Während mein Zigarettenpäckchen schrumpfte, dachte ich an Stella, mir war klar, daß wir in der Schule würden auf sie warten müssen, schon für die erste Stunde hatten sie einen Ersatz für Stella gefunden, einen Engländer, der wohl ein Praktikum an unserem Gymnasium machte. Bereits sein Name rief ein fröhliches Interesse in der Klasse hervor, dieser Aushilfslehrer hieß Harold Fitzgibbon, er war nicht schlank, nicht von dieser zähen englischen Dürre, die man auch in manchen Fernsehfilmen bewundern kann; Mister Fitzgibbon war rundlich, hatte kurze, stämmige Beine, sein rotwangiges Gesicht warb um Zutrauen. Daß er uns auf englisch einen guten Morgen wünschte, erfreute wohl alle von uns, und ich dankte ihm still dafür, daß er gleich zu Anfang das traurige Mißgeschick von Frau Petersen erwähnte – »her sad misfortune« – und ihr baldige Genesung wünschte. Vertraut mit den Aufgaben, die Stella uns in ihren letzten Stunden gestellt hatte, fand er lobende Worte für Orwells *Farm der Tiere*, von ihm erfuhren wir, daß zunächst kein Verleger bereit gewesen war, das Buch herauszubringen, daß es dann aber bei Warburg erschien und ein überwältigender Erfolg wurde. Mister Fitzgibbon dankte dir ausdrücklich für deine Wahl; ich mußte glauben, daß er uns beglückwünschte, dich als Lehrerin zu haben.

Erstaunt war ich, als er von uns heraushören wollte, was wir über England wußten, Stella hatte uns darauf hingewiesen, daß besonders den Deutschen daran gelegen war, zu erfahren, was man über ihr Land dachte, während man vergeblich auf die Frage eines Engländers warten mußte: »How do you like my country?« Der Aushilfslehrer hatte jedenfalls diese Frage gestellt – wie er unseren Wissensstand beurteilte, haben wir nie erfahren; was er erfuhr, wird ihm aber bestimmt zu denken gegeben haben. Seine Verblüffung weiß ich noch, sein sparsames Lächeln, seine Zustimmung: Was wißt ihr über England? Ein altes Königreich, Manchester United, Lord Nelson und der Sieg bei Trafalgar, Mutter der Demokratie, Wettleidenschaft, die Whigs und die Torys, Kopfbedeckung der Richter, Gärten, zählte Peter Paustian dann weiter auf, englische Gärten – er war mit seinen Eltern einmal auf der Insel gewesen –, ferner Fairneß und aufgegebene Kolonien. Georg Bisanz schien alles teilnahmslos angehört zu haben, nicht bereit, sich an dem Fragespiel zu beteiligen, plötzlich aber sagte er mit gewohnter Entschiedenheit in der Stimme: »Shakespeare«, und wir drehten uns nach ihm um. Mr. Fitzgibbon verharrte in seinem Gang zwischen den Tischen, er blickte Georg an, er sagte: »In der Tat, Shakespeare ist der Größte, den wir haben, vielleicht der Größte in der Welt.«

In der Pause sprachen wir nur über ihn, über seine Erscheinung, seine Aussprache, der englische Akzent im Deutschen ließ sich leicht parodieren, gleich mehrere von uns versuchten sich darin, und es waren mehrere, die sich wünschten, ihn auch in den nächsten Stunden als Lehrer zu haben. Daß du nie mehr zurückkehren würdest in unsere Klasse, hätte wohl keiner gedacht.

Georg Bisanz – das üppige Taschengeld, über das er verfügte, bekam er gewiß von seiner Großmutter, er konnte sich leisten, was wir uns nicht leisten konnten; an jenem Sonntag saß er allein an einem der Holztische vor dem Kiosk, er hatte sich Frikadellen und Fruchtsaft bestellt, und als er mich sah, winkte er mich heran und lud mich sofort ein, diese Zwischenmahlzeit, wie er es nannte, mit ihm zu teilen, und nicht nur dies, er hatte mir etwas zu berichten. Er war im Krankenhaus gewesen, und nach dem üblichen Kurzbesuch bei seiner Großmutter wollte er auch bei Frau Petersen reinschauen, da war ein Schild an ihrer Zimmertür: »Betreten nur nach vorheriger Anmeldung in Zimmer 102«. Georg tat nicht, wozu das Schild aufforderte, er öffnete die Tür zu Stellas Zimmer und blieb auf der Schwelle stehen. »Sie war tot, Christian, sie lag da mit offenem Mund und geschlossenen Augen, es gibt keinen Zweifel für mich: Sie ist tot.«

Ich konnte ihm nicht länger zuhören, ich machte mich auf den Weg, fuhr ein Stück per Anhalter, lief und lief und ließ mich von keinem aufhalten, auch von dem Pförtner nicht, der aus seinem Glashaus trat und mir hinterherrief, auch von der Stationsschwester nicht, die mich durch Zeichen aufforderte, stehenzubleiben. Ich kannte Stellas Zimmernummer, selbst in diesem Augenblick konnte ich mich auf mein Gedächtnis verlassen; ohne anzuklopfen, öffnete ich die Tür. Das Bett war leer, Matratze und Zudeck und Kopfkissen lagen auf dem Fußboden, auf dem Nachttisch stand eine leere Vase. Vor dem Bettgestell stand immer noch der Besucherstuhl, gerade so, als wartete er auf mich. Ich setzte mich vor das Bettgestell und weinte, es war mir kaum bewußt, daß ich weinte, zumindest am Anfang nicht, ich nahm es erst wahr, als Tränen auf meine Hand fielen und mein Gesicht zu brennen begann. Ich merkte nicht, daß die Stationsschwester hereinkam, sie stand wohl eine Weile hinter mir, ehe sie mir eine Hand auf die Schulter legte – diese Hand auf meiner Schulter –, sie machte mir keinen Vorwurf, fragte nicht, wollte nichts wissen, sie ließ mich weinen, aus Mitgefühl oder weil die Erfahrung ihr sagte, daß es in solch einem Augenblick nichts anderes gibt; was sie dann sagte, sprach sie leise aus, schonungsvoll, sie sagte: »Unsere Patientin ist gestorben, man hat sie bereits nach unten gebracht.« Da ich nur schwieg, fügte sie hinzu: »Wer weiß, was ihr erspart geblieben ist, sie hatte sehr schwere Kopfverletzungen. Sie wurde gegen die Steinmole geschleudert.« Mit einer Geste des Trostes ließ sie mich allein.

Die leere Vase vor Augen, mußte ich an Stellas Vater denken, ich glaubte ihn vor mir zu sehen bei seinen Sonnenblumen in dem schmalen Garten, ich beschloß, ihm die Nachricht selbst zu überbringen, gleichzeitig spürte ich das Verlangen, dort zu sein, wo Stella gelebt hatte.

Er wußte es bereits, er schien nicht sehr überrascht, als ich vor ihm stand. »Komm rein«, murmelte er und fuhr fort, sich umzuziehen, und duldete es, daß ich ihm dabei zusah – so wie mein Vater es duldete, wenn man ihm beim Anziehen oder Umkleiden zusah. Meine Hand nahm er nur flüchtig, er wies auf die Rumflasche – uninteressiert daran, ob ich mich bediente. Nachdem er in die Hosen seines dunklen Anzugs gestiegen war – enge, altmodische Röhrenhosen –, hielt er die Jacke ins Licht, klopfte und rieb sie ein wenig, bevor er sie anzog. Vielleicht hatte ich mich verhört, aber als er endlich etwas sagte, verstand ich »mein Eichhörnchen« – offenbar hatte er Stella Eichhörnchen genannt, wenn sie allein waren. Für eine Weile verschwand er in Stellas Zimmer, öffnete da Schubladen, blätterte in Schulheften, nach seiner Rückkehr gab er mir den Brief, auf dem Umschlag erkannte ich Stellas Handschrift. Er entschuldigte sich dafür, daß er mir den Brief erst jetzt gab, seine Tochter – der alte Bordfunker nannte sie jetzt nur »meine Tochter« – habe ihn von unterwegs geschickt, sie habe ihn gebeten, den Brief persönlich zu übergeben, nach Möglichkeit. Dann entschuldigte er sich abermals, er wollte ins Krankenhaus, man hatte ihn gebeten zu kommen.

Nicht in seiner Gegenwart, nicht im Garten und nicht auf der Straße las ich deinen Brief, mir war bewußt, daß es dein letzter Brief war, deshalb mußte ich ihn bei mir lesen, allein in meinem Zimmer. Durch den Umschlag fühlte ich, daß es eine Karte war, es war eine Photoansicht, mit der zum Besuch eines Meereskundemuseums eingeladen wurde, das

Photo zeigte einen Delphin, der sich übermütig in die Luft geschnellt hatte und, anscheinend berechnend, auf einer Welle landen wollte. Nur ein einziger Satz stand auf der Rückseite: »Love, Christian, is a warm bearing wave«, unterschrieben Stella. Gestützt von der englischen Grammatik, stellte ich die Karte neben unser Bild und spürte einen unwillkürlichen Schmerz bei dem Gedanken, daß ich etwas versäumt hatte oder daß ich um etwas gebracht worden war, das ich mir mehr gewünscht hatte als alles andere.

Oft wiederholte ich diesen Satz, ich empfand ihn als Bekenntnis, als Versprechen, auch als Antwort auf eine Frage, die ich zwar erwogen, aber noch nicht gestellt hatte.

Ich wiederholte den Satz, während ich unser Photo betrachtete, auch an jenem Abend, als ein scharfer Regen plötzlich mein Fenster traf, so ein körniges Prasseln, ein Regen, der kein Regen war: Draußen stand Georg Bisanz, er kratzte gerade eine Handvoll Sand zusammen, um ihn gegen mein Fenster zu werfen; kaum hatte er meine Silhouette entdeckt, da deutete er auf sich und auf mich, und ich gab ihm ein Zeichen, heraufzukommen, Georg, ihr Lieblingsschüler. Er nahm sich nicht die Zeit, herumzugucken, wie ich hauste, wie einmal schon mußte er mir berichten, was er gerade erfahren hatte und was besonders mich anging. Da er unsere Aufsatzhefte zu Stella nach Hause tragen durfte, kannte er ihren Vater, Georg hatte ihn unten bei den Fahrwasserzeichen getroffen, sie hatten einander nicht viel zu sagen, doch das wußte er nun: Es würde eine Seebestattung geben. Beide, der alte Bordfunker und seine Tochter, hatten über alles miteinander gesprochen vor längerer Zeit, beide fanden sich in dem Wunsch, auf See bestattet zu werden, das sollte nun geschehen. »Wirst du dabeisein?« fragte er. »Ja«, sagte ich.

Die Geschäftsstelle für Seebestattungen lag bei der kleinen Flußmündung, ein schlichter Ziegelbau, fensterlos, in dem Vater und Sohn tätig waren, die bereits am Vormittag Schwarz trugen und deren Mienen berufsmäßige Trauer spiegelten. Sie wußten sogleich, wann die Bestattung von Frau Petersen stattfinden sollte, sie bewegten sich wackelig, ich konnte mir nicht helfen, doch auf mich machten sie den Eindruck von zwei Pinguinen. An einem Freitagvormittag sollte die Bestattung sein. Auf meine zu rasche Antwort, daß ich kein Angehöriger sei, erklärte mir einer der Pinguine mit tadellosem Bedauern, daß ihr Boot nur eine begrenzte Zahl an Trauergästen aufnehmen könne, es sei ein flaches, umgebautes Landungsboot, und da sich bereits viele beworben hätten – er sagte: »beworben« –, unter anderem der gesamte Lehrkörper der Schule, seien sie ausgebucht – er sagte: »ausgebucht«.

An diesem Freitag ging nur ein schwacher Wind, der Himmel war bedeckt, die Wasservögel waren fortgezogen, über der Einöde des Wassers – so kam es mir vor – lag die alte Gleichgültigkeit. Mit Erlaubnis meines Vaters durften Frederik und ich unseren Schlepper nehmen, Frederik steuerte die *Ausdauer*, immer bedacht, Abstand zu halten, niemals den Kurs zu kreuzen; mit gedrosselter Fahrt liefen wir hinter dem ehemaligen Landungsboot zu der Bestattungsstelle, querab von der Vogelinsel. Ich weiß nicht, wer die Bestattungsstelle bestimmt hatte; als wir sie erreicht hatten, nahmen sie drüben die Fahrt weg, auch Frederik stoppte, und beide Fahrzeuge dümpelten außerhalb der Rufweite in der schiefergrauen See. »Nimm das Glas«, sagte Frederik. Durch die klaren, ausgestochenen Scheiben erkannte ich unseren Direktor, erkannte einige meiner Lehrer und den alten Bordfunker. An Deck lagen zwei Kränze und ein paar Blumensträuße, und inmitten der Blumen stand eine Urne. Neben ihr, auf einem Segeltuchstuhl, saß ein beleibter Pastor. Mühelos fand der Pastor festen Stand, er breitete die Arme aus, offenbar sprach er zuerst einen Segen, danach, ständig auf die Urne hinabsprechend, wandte er sich wohl direkt an Stella, erwähnte da gewiß verkürzt einige Stationen deines Lebens, nickte zu manchen Sätzen, gerade so, als wollte er keinen Zweifel an ihnen aufkommen lassen, und wie nicht nur ich erwartet hatte, wandte er sich schließlich an deinen Vater. Jetzt nahmen alle ihre Kopfbedeckung ab, herabhängende Hände fanden einander, Schultern krümmten sich sacht, ich sah, daß unser Kunsterzieher weinte. Das

Glas beschlug. Ich zitterte und mußte mich an der Reeling festhalten. Ich hatte das Gefühl, daß unser Schlepper zu krängen begann. Anscheinend hatte Frederik mich beobachtet, besorgt sagte er: »Setz dich hin, Junge«, das Glas ließ er mir.

Wie behutsam der alte Bordfunker die Urne umfaßte, er hielt sie dicht an seinem Körper und trug sie zum Heck, und hier öffnete er sie auf ein Zeichen des Pastors, öffnete sie und hob sie außenbords. Ich mußte glauben, Stella, daß es eine dünne Aschenfahne war, die sich von der Urne löste, nur ein wenig aufwehte und gleich niedergedrückt wurde auf das Wasser. Schnell nahm das Wasser die Asche auf, keine Spur blieb, kein Beweis, nur ein lautloses Verschwinden wurde ahnbar, eine Grammatik des Abschieds. Obwohl er stand und stand und auf das Wasser starrte, blieb auch für deinen Vater nichts anderes zu tun, er ergriff einen der Kränze, er ließ ihn nicht einfach fallen, sondern schleuderte ihn hinaus, mit einer Kraft, die mich erstaunte. Nach ihm nahmen andere die Sträuße auf und warfen sie ins Wasser, meist gebundene Sträuße, unser Sportlehrer und zwei aus dem Lehrkörper öffneten die Sträuße und ließen die Blumen einzeln neben der Bordwand fallen, wo sie eine sehr leichte Strömung erfaßte, mir kam es so vor, als ginge ein Leuchten von ihnen aus, während sie gewiegt wurden auf dem bewegten Wasser. In diesem Augenblick wußte ich, daß diese treibenden Blumen für immer zu meinem Unglück gehören würden und daß ich niemals würde vergessen können, wie tröstlich sie meinen Verlust bebilderten.

Es gab keinen Zweifel: Die Blumen trieben auf die Vogelinsel zu, bald würden sie dort angeschwemmt werden an dem nur selten begangenen Strand; ich werde euch einsammeln, dachte ich, ich werde allein herkommen und euch davor bewahren, wie Tang zu faulen, den eine unruhige See losgerissen hat, ich werde die Blumen in die Hütte des Vogelwarts bringen und dort zum Trocknen auslegen, sie werden immer dasein an diesem Ort der Mitwisserschaft, alles wird dasein und bleiben. Ich werde mich dort einrichten in den Ferien und auf der Liege aus Seegras schlafen, im Schlaf werden wir nah aneinander heranrücken, Stella, deine Brust wird meinen Rücken berühren, ich werde mich dir zudrehen und dich streicheln, alles, was Erinnerung aufgehoben hat, wird dann wiederkehren. Was Vergangenheit ist, ist dennoch geschehen und wird fortdauern, und begleitet von Schmerz und einer zugehörigen Angst werde ich versuchen, das zu finden, was unwiederbringlich ist.

Als das Boot mit den Trauergästen Fahrt aufnahm und sehr langsam auf die Brücke vor dem *Seeblick* zulief, bat ich Frederik, dem Boot nicht gleich zu folgen, sondern die Vogelinsel einmal zu umrunden. Er sah mich verwundert an, tat dann aber, worum ich ihn gebeten hatte.

Ich schaute, doch ich nahm nicht wahr, was in meinen Blick fiel, ich sah Stella auf dem angeschwemmten Baumstamm sitzen, sie saß in ihrem grünen Badeanzug da und rauchte und schien sich über etwas zu belustigen, vielleicht über die Art, wie ich zu ihr hinwatete in dem hüfthohen Wasser. Bei aufkommender Unsicherheit gab ich der Sitzenden dein Gesicht, Stella, und während unsere *Ausdauer* in geringer Entfernung die Vogelinsel umrundete, stellte ich mir vor, daß wir dort Hand in Hand gingen am Strand und unter den Erlen und auf einmal gewahr wurden, daß wir beide hier ein heimliches Besitzrecht hatten. Es interessierte mich nicht, was Frederik dachte, hinter der Landzunge, auf der sich nur ein paar Vögel stritten – dieser ewige Streit mit geöffnetem Schnabel und gespreizten Schwingen –, fragte Frederik mich, ob ich an Land wollte; ich winkte ab und gab ihm zu verstehen, daß er nun heimfahren, den anderen nachfahren sollte, den Trauergästen, deren Boot bereits an der Brücke vor dem *Seeblick* festgemacht hatte und die, wie ich durch das Glas erkannte, von Bord gegangen waren und an den Tischen im Kaffeegarten saßen.

Leben – wie es offenbar zu diesem Ort gehört, herrschte hier schon Leben: Kellner trugen Getränke und Speisen zu den Tischen – vor allem Bier und Würstchen und Frikadellen mit Kartoffelsalat –, Obsttorten wurden noch nicht bestellt. Ich fand Platz an einem Rundtisch, Herr Kugler, unser Kunsterzieher, saß schon da, neben ihm der Hafenkapitän Tordsen, außerdem begrüßte ich meinen Klassenkameraden Hans Hansen und nickte einem Unbekannten zu, einem kugelköpfigen Mann. Püschkereit hieß er, war ein ehemaliger Lehrer, der seit Jahren seine Pension verzehrte, aber immer noch enge Verbindung mit seiner Schule hielt. Geschichtsunterricht hatte er gegeben. Wie ich erfuhr, stammte dieser Püschkereit aus Masuren; sobald er das Wort nahm, lächelten seine Zuhörer, auch ich mußte lächeln, wenn er alles verkleinerte oder für alles die Zärtlichkeitsform fand. Während an anderen Tischen Schweigen lastete und man sich blickweis darüber verständigte, was der Augenblick nahelegte, glaubte Püschkereit, sich an ein Begräbnis in seiner Familie erinnern zu müssen, an das Begräbnis seines Großvaters, der in einem bescheidenen Häuschen lebte und zufrieden starb. Nach dem gemeinsamen Essen hatte jeder, der fähig und bereit war, Denkwürdigkeiten aus dem Leben des Verstorbenen erzählen dürfen, da kam seine Treuherzigkeit zur Sprache, sein Starrsinn, seine freundliche Verschlagenheit, aber auch seine Güte und sein Humor. Danach, als der Verstorbene so ausgiebig beschworen worden war, daß er unter den Trauernden zu sein schien – manche der Denkwürdigkeiten wurden zum Sarg hin gesprochen, der in der Stube stand –, war ein gemieteter Musiker erschienen und hatte mit seiner Quetschkommode zum Tanz aufgespielt.

Der Hafenkapitän, offenbar gewohnt, räumlich zu denken, wollte jetzt wissen, ob da überhaupt Platz war zum Tanzen, worauf dieser Püschkereit sagte: »Aber jachen, nachdem wir den Sarg hochkant gestellt hatten, war ausreichend Platz.« Geschichte hatte er gegeben vor meiner Zeit. Ich bin sicher, daß der alte Bordfunker, der an einem Nebentisch saß, mitgehört hatte und diese Schilderung mißbilligte, er stand auf und bat um Aufmerksamkeit und sagte mit ruhiger Stimme: »Keine Reden, bitte, keine Reden hier.«

Mir entging nicht, daß Herr Kugler mich auf einmal musterte, freimütig und auch abwägend, und nach einer Weile bat er mich durch eine Handbewegung, zu ihm zu kommen und mich neben ihn zu setzen. Er vertraute mir an, daß der Lehrkörper beschlossen hatte, Frau Petersen mit einer Gedenkstunde zu ehren, in der Aula, am kommenden Mittwoch. »Selbstverständlich soll auch ein Vertreter der Schülerschaft zu Wort kommen, und da Sie, Christian, Klassensprecher sind, habe ich an Sie gedacht, und nicht nur ich«, sagte er, es solle eine würdige Feier werden. Ich konnte es nicht, Stella, ich konnte seinen Vorschlag nicht annehmen, denn während ich noch bedachte, was von mir erwartet wurde und was auszusprechen mir möglich wäre, stieg eine Erinnerung in mir auf, so heftig, so beherrschend, daß ich sie nicht verdrängen konnte: Ich sah das Kopfkissen vor mir, das Territorium, das wir für uns entdeckt hatten und das wir teilten. Ich begriff, daß ich diese Entdeckung nicht in der Schule preisgeben durfte, einfach, weil mit einer Preisgabe etwas aufzuhören drohte, das mir alles bedeutete – vielleicht muß ja im Schweigen ruhen und bewahrt werden, was uns glücklich macht. Nein, Stella, ich wollte nicht sprechen in der Gedenkstunde. Kugler bedauerte es, und ich bat ihn um Entschuldigung für meinen Verzicht. Und ich wollte auch nicht länger unter den Trauergästen bleiben, die aßen und tranken und sich an den Tischen besuchten, um sich auszutauschen, um das gerade Erlebte zu vergleichen, ich wollte, ich konnte es nicht, ich hatte nur den Wunsch, allein zu sein.

Der Augenblick, mich stillschweigend zu entfernen, schien mir gekommen, als das Gedröhn eines starken Schiffsmotors sich näherte, das alle aufhorchen ließ, ein Schnellboot zeigte sich da, das gewiß in der nahen Marinestation beheimatet war, eines dieser neuen Boote, das an langer Leine einen Segler schleppte, ein Segelschiff mit gebrochenem Mast. Es wunderte mich nicht, daß eines ihrer Boote Hilfsdienst leistete, so manches Mal hatte die Marine Hilfsdienste auf See geleistet, hatte jedem beigestanden, der draußen in Bedrängnis geraten war, und so manchen Havaristen nach Hause gebracht. Es war die sogenannte *Polarstern*, die sie wohl notdürftig abgedichtet hatten und nun zu der kleinen Werft neben der Station schleppten, auch Tordsen vermutete das. *Polarstern* – ich mochte nur mal wissen, wem dieser Name eingefallen war. Gemächlich zog der kleine Schleppzug an uns vorbei, an Bord zeigte sich niemand. Nicht der Schlepper selbst, aber sein Bild wird mir für immer gegenwärtig bleiben, das ahnte ich, und meine Ahnung hat recht behalten.

Ich machte mich auf den Weg nach Hause, ich ging am Strand entlang, die Augen taten mir weh. Unter meinem Fuß brachen und knackten getrocknete Muschelschalen, meinen Fortgang schien niemand bemerkt zu haben. Ich täuschte mich. Dort, wo das alte Beiboot kieloben auf dem Strand lag – ein farbloses, ungeteertes Boot –, wurde ich angerufen, auf dem Boot saß Herr Block, mein Schuldirektor, er war nicht im Kaffeegarten, er hatte diesen Platz gewählt, um für sich zu sein. Mit einer laschen Handbewegung forderte er mich auf, mich neben ihn zu setzen. Ihm, der sich sonst so steif und zurückhaltend gab, und der mich einmal gedemütigt hatte, war daran gelegen, mit mir zu sprechen. Eine Weile saßen wir stumm nebeneinander und blickten dem Schleppzug nach, der der offenen See zufuhr, auf einmal wandte er sich mir zu, betrachtete mich mit offenem Wohlwollen und sagte: »Wir werden uns in der Aula zusammenfinden, Christian, zu einer Gedenkstunde. Frau Petersen zu Ehren werden einige das Wort nehmen.« »Ich weiß«, sagte ich, »ich habe es gerade erfahren.« »Sie sind Klassensprecher«, sagte er, »es wäre in unserem Sinn, wenn

Sie im Namen der Schülerschaft etwas sagen würden, nur kurz, nur bekenntnishaft, ein paar Worte darüber, was der Verlust dieser hochgeschätzten Lehrkraft für Sie bedeutet.« Da ich nicht sogleich zustimmte, fuhr er fort: »Wenn ich mich nicht irre, ist dieser Verlust Ihnen auch persönlich nahegegangen.« Ich nickte nur und konnte nicht verhindern, daß mir Tränen in die Augen traten. Er nahm es ohne Verwunderung wahr, er strich mir einmal über meine Hand, sann einen Moment nach und fragte: »Also, Christian?« Ich spürte, daß ihn meine Weigerung enttäuschen würde, dennoch sagte ich: »Ich kann nicht.« Wenn er mich nach dem Grund meines Verzichts gefragt hätte, wäre ich ihm eine Antwort schuldig geblieben, allenfalls hätte ich ihm nur sagen können: »Es ist zu früh, vielleicht ist es noch zu früh.« Er gab sich zufrieden und wollte lediglich wissen: »An der Gedenkstunde werden Sie doch teilnehmen?« »Ja, ich werde teilnehmen.«

2008

Die Maske

Immer schon war es hier so: Kaum war der Sturm vorbei, tauchten sie aus ihren Hütten und Häusern auf und streiften durch die Dünen zum Strand hinab, erwartungsvoll, belebt von der Hoffnung auf Finderglück. Als folgten sie einem Ruf, einer Aufforderung, so bewegten sie sich; mitunter, wenn sie etwas Ungewöhnliches entdeckten, das der Sturm an den Strand geworfen hatte, beschleunigten sie ihre Schritte. Ich hatte es oft beobachtet.

Das war auch in jenem Spätsommer nicht anders, als ich die Semesterferien bei meinem Großvater verbrachte, bei Opa Klaas, wie wir ihn nannten. Für die Einheimischen war er der Inselwirt. Wer in seinem Gasthaus zu beliebiger Tageszeit etwas Belebendes bestellte – Rum oder Grog oder Aquavit –, brauchte nie allein zu trinken, bei ihm, dem Geschichtenerzähler, dem geduldigen Zuhörer. Da nach seiner Überzeugung alles Existierende einen Namen haben mußte, nannte er sein Gasthaus *Blinkfeuer*. Es hatte vier Gästezimmer, der größte Raum war der von ihm so genannte Festsaal; längst vertrocknete Girlanden aus

Herbstblumen sollten anscheinend den Festcharakter beglaubigen. Während des Sturms benutzte eine bayerische Reisegruppe, die sich mit dem Inselleben bekannt machen sollte, den Festsaal als Notquartier – fröhliche Leute, die, als der Wind in immer heftigeren Böen den armseligen Garten plünderte, zu singen anfingen und dabei die Schönheit ihrer Berge feierten.

Daß sich alles so beruhigen konnte in kurzer Zeit; wie verausgabt rollte die See an, in der Luft spürte man eine ungewöhnliche Stille der Erschöpfung, aber auf einmal waren auch wieder die Stimmen der Seevögel zu hören, ihr ewiges Gezänk, ihre gellenden Warnrufe. Hier und da traten Leute aus den Häusern, um nach dem Himmel zu sehen. Am Horizont zeigte sich das graue Patrouillenboot der Küstenwache, langsam zog es vorbei, ein Sinnbild der Sicherheit. Aber auch große Schiffe zeigten sich, die Container-Riesen der Maersk, der Hapag-Lloyd und der China Shipping, sie waren unterwegs nach Hamburg und ragten mit ihren Aufbauten und ihrer Ladung so hoch auf, als pflügten sie über Land.

Unterhalb des *Blinkfeuer*, dort, wo die Wellen jetzt nicht mehr hinleckten, waren zwei Männer dabei, einen metallgrauen Container zu untersuchen, der im Sturm über Bord gegangen war. Bevor es ihnen gelang, den Container zu öffnen, war ich schon bei ihnen und bot ihnen meine Hilfe an. Sie antworteten nicht, anscheinend, um mir zu verstehen zu geben, daß es ihr Strandgut war und sie nicht bereit waren, gegebenenfalls zu teilen. Ich fand heraus, daß der Container in Shanghai an Bord der China Shipping gekommen und bestimmt war für ein Museum in Hamburg, mehr konnte ich nicht herausfinden; der Adressat *Museum für Völkerkunde* war so undeutlich geworden, daß ich ihn lediglich erriet. Während ich den Männern bei ihrer Arbeit zusah, versuchte ich mir vorzustellen, was der Container enthielt; ich dachte an Seidenmäntel, an hauchdünnes Porzellan, dachte an Brettspiele und kunstvoll geschnitzte Opiumpfeifen. Als ich bemerkte, wie schwer es den Männern fiel, die Verschraubungen zu lösen, bot ich ihnen noch einmal meine Hilfe an, und jetzt wurde mein Angebot mit einer Handbewegung angenommen. Keiner sagte ein Wort, ratlos und verblüfft sahen wir uns an; in einer Sektion des Containers, in einem Polster aus Fellen und Wolle, lagen da mehrere Masken, vor allem Tiermasken. Einer der Männer hob sogleich die Maske eines Froschs vor sein Gesicht und stieß belustigt einen Quaklaut aus. Auch der andere Mann paßte sich eine Maske an, er gefiel sich offenbar als Pferd. Begeistert von unserem Fund, probierten wir in raschem Wechsel verschiedene Masken an, lachten uns als Schwein zu, meckerten als Ziegenbock, brummten als Bär; – prompter ist Fröhlichkeit hier nie entstanden als an dem Tag, an dem der Sturm uns diesen Container zum Geschenk machte. Obwohl ich die Männer nie zuvor gesehen hatte, brachten die Masken es mit sich, daß eine unerwartete Nähe zwischen uns entstand, wir klopften einander auf die Schultern, lockten und erschreckten uns gegenseitig, spielten Furcht und Zuneigung. Auch wenn es nicht in unserer Absicht lag: Was sich da unwillkürlich zeigte, waren Beispiele einer seltenen Versöhnung von Tieren.

Mit den Masken vor dem Gesicht, in der Absicht, uns Opa Klaas zu zeigen und etwas zu trinken, gingen wir ins *Blinkfeuer* hinauf. Bis auf eine Familie aus dem Rheinland waren keine Gäste da. Nach einem Augenblick der Überraschung schmunzelten die Erwachsenen und winkten uns freundlich zu wie Bekannten, während der Junge sich hinter dem Rücken seines Vaters verbarg. Opa Klaas grinste nur und fragte: »Wer schneit mir denn da ins Haus?«, und nachdem ich erzählt hatte, woher die Masken stammten, sagte er – und es klang wie das Wort eines Eingeweihten –: »Ja, ja, die China Shipping Line.« Ohne uns nach unseren Wünschen zu fragen, tischte er dann Bier und Klaren auf, genehmigte sich das gleiche und trank, wie immer, auf guten Inselaufenthalt. Bei dem Versuch, mitzutrinken, mußten wir die Masken ablegen, und dabei erschien auf einigen Gesichtern ein Lächeln, das um Entschuldigung bat.

Ich hatte die Maske eines gutgenährten Drachen gewählt, der sich allerdings nicht furchteinflößend oder warnend zeigte, sondern zwinkernd, fast komplizenhaft. Von meinem Eckfenster konnte ich beobachten, daß es keiner der Leute, die nun zum *Blinkfeuer* heraufkamen, versäumte, einen Blick in den Container zu werfen. Erstaunt, erheitert deuteten sie auf einzelne Masken, hoben einzelne heraus, setzten sie auf und ließen sich von ihren Begleitern begutachten, schätzen.

Und plötzlich sah ich Lene wieder. Sie trug Shorts und Sandalen und, um ihr langes blondes Haar zu bändigen, ein Stirnband. Zwei Mal hatte sie die Kajakmeisterschaften der Insel gewonnen und ihren Sieg mit einer doppelten Eskimorolle abgeschlossen. Sie war schön. Ihr Bild hätte gut in eine Anzeige gepaßt, mit der für Inselfreuden im Sommer geworben wird. Zögernd trat sie an den Container heran, schaute hinein, kramte einen Moment, sortierte und entschied sich schließlich für die Maske einer Wildkatze, die, wie ich dann bemerkte, Ähnlichkeit mit einem Tiger hatte. Gleich bei ihrem Eintreten winkte ich ihr zu, doch bevor sie an meinen Ecktisch kam, sah sie sich zuerst prüfend um, grüßte besonders einen athletischen Burschen, an dem mir eine goldene Halskette auffiel und der die Maske einer intelligenten Ratte aufgesetzt hatte. Ich vermutete gleich, daß es Jonas war, der Schwimmlehrer.

Lene fiel nichts anderes ein, als sich mit einem Schnurrlaut an meinen Tisch zu setzen. Sie wies Bier und Klaren zurück und bat Opa Klaas um Gin und

Tonic. Ich wußte, daß ihr Vater Netzemacher war – Grundnetze, Aalreusen, Stellnetze für Flachfische –, wußte auch, daß sie in der Hochsaison eine Vertretung in der Lebensrettungsgesellschaft übernahm. Interessiert betrachtete sie meine Maske und strich einmal zaghaft über die Wange des Drachens. Lächelnd fragte sie: »Muß ich mich fürchten vor ihm?« »Noch nicht«, sagte ich.

Da hier jeder befragt oder ausgefragt wird, erstaunte es mich nicht, daß sie mich bat, ihr von mir zu erzählen; ihre Wißbegier bestätigte nur, daß sie hierhergehörte. Wie lange mein Studium der Pädagogik dauere, wollte sie wissen, um welche Inhalte es gehe, ob alles zu bezahlen sei, und schließlich fragte sie auch, welche Berufsaussichten es in meinem Fach gebe. So gut es mir gelang, erzählte ich ihr, was ich über mich wußte, erzählte es in ihr Katzengesicht hinein, das sich nicht veränderte, das nur gleichmütig aufnahm. Einmal aber nahm sie meine Hand und drückte sie leicht; ich mußte es als Zeichen ihrer Dankbarkeit auffassen. Wer erzählt, gibt ja unwillkürlich etwas über sich selbst preis, ganz gleich, wovon und mit welchen Worten er erzählt, selbst wenn Worte verbergen oder entstellen, bezeichnen sie den Erzähler.

Ich hatte den Wunsch, sie zu küssen, doch ich brachte es nicht fertig, meine Lippen auf die Maske zu drücken, obwohl Lenes hellblaue Augen darauf zu warten schienen. Um ihre Nähe zu finden, rückte ich an sie heran, legte einen lockeren Arm um ihre Schulter und stieß einen Laut aus, einen, wie ich glaubte, schmeichelnden Laut. Sie lachte und antwortete mit einem vergnügten Schnurren.

Groß war meine Verblüffung, als sich der Bär nach kurzer Unentschiedenheit neben den Frosch setzte; ihre Masken verheimlichten nicht genug. Die Tätowierungen, die er am Oberarm trug, ließen keinen Zweifel, daß der Bär Asmussen war, während sich hinter dem Frosch Hauke Just verbarg, der seine Identität preisgab, als er sich aus seinem Schnupftabakbeutel bediente. Auf der Insel wußte man, daß nicht nur sie, sondern auch ihre Familien sich in Abneigung verbunden waren, man verdächtigte einander, heimlich Netze und besonders Reusen zu leeren, und man konnte einander nicht verzeihen, bei einer Hilfeleistung auf See versagt zu haben. Grußlos, sprachlos hatten sie lange nebeneinander her gelebt; deshalb fand ihre Annäherung nicht nur meine erhöhte Aufmerksamkeit. Der Bär und der Frosch taxierten sich gespannt, jeder schien auf etwas zu warten; bei dem langsamen Gang der Gedanken, der vielen auf der Insel eigen war, kam Geduld wie von selbst auf. Ich konnte nicht entscheiden, wer von den beiden zuerst sein Glas ergriff, der Bär oder der Frosch, jedenfalls hoben sie das Glas gegeneinander, tranken und lachten, lachten gequält und hatten offenbar vergessen, was sie so lange Zeit getrennt hatte. Opa Klaas, der das auch beobachtet hatte, zog sogleich seine Schlüsse daraus, und mit einer Flasche Klarem kam er heran und schenkte nach.

Lene prustete vor Begeisterung. Sie lüftete die Maske und fächelte sich Luft zu; und dann sagte sie: »Hast du das gesehen, Jan? Das kann doch nicht wahr sein.«

Die Ente, die mit angenommenem Watschelgang hereinkam und nach einem Platz Ausschau hielt, wurde mit zögerndem Beifall empfangen. Es konnte nicht nur, es mußte Frauke Pienkogel sein. Alle erkannten sie. Nicht sehr beliebt, lebte sie allein in einem großen Strohdachhaus, doch wenn sie auch nicht beliebt war, so sprach man doch über sie mit einer Art dunklem Respekt. Ein Grund dafür bestand darin, daß sie auf der Insel die einzige war, die aus der Hand lesen konnte, und dies auch gegen Honorar tat, für Einheimische, für Sommergäste und auch für Seeleute, die hier kurz vor Anker gegangen waren. Opa Klaas beugte sich über mich und flüsterte: »Die magerste Ente, die sich jemals ins *Blinkfeuer* verirrt hat.« Ohne nach ihrem Wunsch zu fragen, servierte er ihr einen doppelten Klaren. Ich wollte ihr zutrinken. Sie wandte sich zunächst ab, bedachte sich offenbar und entschied sich dann doch, ihr Glas zu heben. Warum sie mir spaßhaft drohte, habe ich nicht gleich verstanden; ich vermutete, daß ihre Drohung dem Drachen galt.

Ausgelassenheit breitete sich aus, man wechselte Tierlaute, man imitierte Gesten der Sympathie. Die Stimmung stieg noch, als Opa Klaas, nach kurzer Abwesenheit, mit der stilisierten Maske eines Hundes erschien und mit heiserem Bellen und Röcheln begrüßt wurde. Selbst Ingo Dornholt bellte, von dem alle wußten, daß er einen Prozeß gegen Opa Klaas verloren hatte; Ingo, der die Maske eines Affen trug. Es wunderte uns nicht, daß beide sich die Hand gaben und den Händedruck dauern ließen. Lene schmiegte sich an mich. Sie sagte: »Schön, nicht?« Ich nahm die Maske ab und küßte sie, und sie erwiderte meinen Kuß.

Als hätte Opa Klaas unsere Wünsche erahnt, besprach er sich mit Fiersen, seinem Koch, und wie so oft, verwöhnt vom Beifall, erschien Fiersen mit seinem Schifferklavier und dankte mit der Erkennungsmelodie *Ein Schiff fährt nach Shanghai.* Ich traute meinen Augen nicht, denn die ersten Tänzer waren der Bär und die Ente. Sie tanzten behutsam, in sicherer Umklammerung, und da sie auch hingebungsvoll tanzten, gaben sie anderen ein Zeichen, es ihnen gleichzutun. So etwas hatte das *Blinkfeuer* gewiß noch nie erlebt, denn was sich sonst, im gewöhnlichen Leben, nicht beachtete oder nur Geringschätzung füreinander übrig hatte, fand plötzlich zueinander und genoß die ungewöhnliche Zweisamkeit. Lene konnte nicht ruhig sitzen, sie wippte, sie betrommelte leicht ihre Schenkel, sie sprach den Text des Liedes nach, das Fiersen spielte, wobei ein suchender Ausdruck auf ihrem Gesicht erschien, gewiß war sie auf der Suche nach Erinnerung. Ich brauchte sie nicht förmlich aufzufordern, ich nickte ihr nur zu, und wir beide tanzten. Wir tanzten nur einmal, denn bei dem Lied *Fahr mich in die Ferne, mein blonder Matrose* – einem langsamen Sehnsuchtslied – standen gleich mehrere Gäste auf, man faßte sich bei den Hüften und bildete einen Zug, einen Schleppzug, und träge, aber gut gelaunt umrundete man Tische und Stühle. Mitunter war ein Freudenruf zu hören. Es überraschte mich nicht, daß die Teilnehmer des Schleppzugs am Ende des Liedes dem Bedürfnis nachgaben, sich zu umarmen, ich hatte den Eindruck, daß man sich gratulieren wollte. Für Opa Klaas war dies der Augenblick, das Wort zu nehmen. »Hört alle mal zu«, sagte er. Da er das Gefühl hatte, daß man in förderlicher Stimmung sei, schlug er vor, die Maske des Abends zu wählen. Die Verblüffung dauerte nicht lange; wie er selbst offenbar vorausgesehen hatte, stimmte man ihm zu, durch Klatschen, durch Rufe. »Gut«, sagte er, »gut – gut«, und dann kam er auf das Wort, das später noch von anderen benutzt wurde: Maskenwahl. »Also schreiten wir zur Maskenwahl«, sagte er und berief auch schon die Jury, bat Ingo Bornholt und Lene an einen Richtertisch und ernannte sich selbst zum Vorsitzenden. Die Mitglieder der Jury wurden aufgefordert, ihre Masken abzulegen. Ich war sicher, daß ich mit meinem Drachen die Wahl gewinnen würde.

Einzeln wurden wir aufgerufen, vor den Richtertisch zu treten, nicht bei unserem Namen, sondern bei dem der Maske, die wir trugen: Der Frosch bitte, die Ente, der Hund, der Drache, und wir taten es und wurden eingeschätzt und ausgelegt und auch nach einem typischen Laut beurteilt, den wir äußern sollten; mir ist dabei nur ein stoßweises Fauchen eingefallen.

Nachdem alle Masken sich präsentiert hatten, begann die Jury mit ihrer tuschelnden Beratung, und da es erkennbar war, wie schwer es ihr fiel, sich zu einigen, versuchte Opa Klaas, sowohl die Urteilsfindung zu erleichtern als auch die Geduldsprobe für alle zu verkürzen. *Windstärke 11* hieß der Klare, den er auftischte. Die Jury nahm das Angebot dankbar an, man trank sich zu, ließ nachschenken, fand anscheinend Freude an dem Austausch von Eindrücken, von Urteilen.

Mein Drache hat nicht die Wahl zur Maske des Abends gewonnen, auch der Frosch nicht, auch die Ente nicht. Was Opa Klaas als Entscheidung der Jury bekanntgab, hinterließ Ungläubigkeit und Enttäuschung, zumindest am Anfang. »Nach eingehender Beratung«, so verkündete er, »sind wir zu dem Schluß gekommen, daß keine Maske es verdient, als Maske des Abends ausgezeichnet zu werden. Jede bringt etwas zum Vorschein, jede steht für etwas, für Tapferkeit ebenso wie für Treue, für List nicht weniger als für Beharrlichkeit, eine hervorzuheben bedeutet deshalb auch, andere, und durchaus Gleichwertige, zu übergehen. Alle bezeichnen etwas, alle schlagen uns vor, wie wir uns am besten gegen die Welt behaupten können, welche Eigenschaft uns hilft, ihr gewachsen zu sein.« Opa Klaas hatte seine Zuhörer überzeugt, und nachdem er ihnen die hier übliche Zeit zum Nachdenken gelassen hatte, erntete er Zustimmung, die sich bei Einzelnen auch begeistert zeigte.

Ohne Maske kam Cornelia an meinen Tisch. Mit einer Kommilitonin von der Düsseldorfer Kunstakademie teilte sie sich ein Zimmer im *Blinkfeuer*. Gespannt blätterte sie ihren Zeichenblock auf und zeigte mir, was ihr als Aufgabe gestellt war. Gesichter der Insel sollte sie zeichnen, und es fiel mir leicht, Kaufmann Madsen wiederzuerkennen und den Leuchtturmwärter Künzel, selbstverständlich auch Opa Klaas. Warum sie mich zu den Inselgesichtern rechnete, habe ich nicht erfahren, doch als sie mich um Erlaubnis bat, mich zu zeichnen, stimmte ich zu und bedauerte sogleich, daß Lene aufstand und zu einem anderen Tisch ging.

Ich nahm meine Maske ab und legte sie vor mich hin. Ich beobachtete Cornelia, während sie mich porträtierte. Was sich in ihrem Gesicht spiegelte, verwunderte mich nicht. Freimütig ging sie auf Entdeckungsreise, verzog die Lippen, hob die Augenbrauen. Bei ihrem Versuch, mich erkennbar zu machen, nickte sie lächelnd. Sie legte die Stirn in Falten und schüttelte den Kopf wie in Abwehr. Unwillkürlich fragte ich mich, warum sich plötzlich ihr Gesicht verschattete. Und ich fragte mich, was der schwache Zischlaut zu bedeuten habe und warum sie sich, mit der klassischen Geste des Zweifels, hinter dem Ohr kratze. Warum sie die Nase kraus zog, konnte ich nur vermuten. Der kurz aufscheinende Triumph und der entschlossene Gebrauch des Farbstifts deuteten auf eine notwendige Korrektur hin. Mehrmals hielt sie das Blatt von sich ab und betrachtete es mit schräggelegtem Kopf. Warum sie immer wieder die Maske anschaute – sie tat es prüfend, vergewissernd –, versuchte ich mir zu erklären.

Auf einmal trat Stille ein. Alle wandten sich dem Eingang zu, wo drei Uniformierte erschienen waren. Einer, der das Sagen hatte, hob einen Arm und bat um Ruhe.

Es waren Männer der Küstenwache. Er, der das Sagen hatte, der Kommandant oder Chef, bat um Entschuldigung für die Störung – wörtlich sagte er: »Es tut mir leid, meine Damen und Herren, aber ich muß die fröhliche Stimmung für einen Augenblick unterbrechen.« Und als diktierte er ein Protokoll, fuhr er fort: »Es wurde hier ein Container der China Shipping Line unrechtmäßig geöffnet. Man hat sich den Inhalt unrechtmäßig angeeignet. Sie werden hiermit aufgefordert, alle entwendeten Gegenstände zurückzugeben.« Auf ein Handzeichen postierten sich die Uniformierten an der Tür, und wir wurden aufgefordert, den Raum zu verlassen, nacheinander.

Ich suchte Lene; auch sie erhob sich, betastete ihre Maske und reihte sich ein, und als sie bei den Uniformierten war, fiel ihr nichts anderes ein, als die Wildkatze mit einem angedeuteten Kuß zu übergeben. Asmus Asmussen lieferte den Bären ab und Hauke Just den Frosch, ihnen wurde gedankt. Der Uniformierte, dem ich meine Maske übergab, war wohl zu einem Spaß aufgelegt, denn nach einem vergleichenden Blick auf den Drachen und mich sagte er: »Eine Ähnlichkeit ist nicht festzustellen.«

Als Prugnitz an der Reihe war, entstand ein kleiner Tumult. Er, der sich als Hahn gefiel, zögerte, seine Maske abzunehmen, er maulte, drohte, woraufhin ein Uniformierter es als sein Recht ansah, Prugnitz die Maske vom Gesicht zu reißen. Bevor er noch sagen konnte, wen er da zum Vorschein gebracht hatte, schlug Prugnitz ihm vor die Brust und warf den Uniformierten zur Seite und stürmte ins Freie. Behende lief er auf die Dünen zu, entschied sich dann aber für die Ansammlung von Strandkörben, die vor dem Sturm in Sicherheit gebracht worden waren, hier verlor ich ihn aus den Augen; die beiden Verfolger gaben auf.

Die Uniformierten glaubten ihre Arbeit getan zu haben. Ihr Chef begutachtete den Stapel der Masken und erklärte, daß diese unrechtmäßig entwendeten

Gegenstände hiermit eingezogen seien, man werde sie in der nächsten Woche abholen. Er ließ sich von Opa Klaas einen Schrank öffnen, legte die Masken selbst hinein und sagte: »In der nächsten Woche wird man Sie erleichtern.« Dann gab er den Befehl zum Aufbruch, und die Uniformierten zogen ab.

Warum Asmus Asmussen und Hauke Just in Streit gerieten, war nicht erkennbar, zuerst drohten sie einander, dann reckten sie sich, dicht zusammenstehend, zu wahrer Größe, geradeso, als wollten sie sich messen, schließlich fielen die ersten Schläge, und danach probierten sie Umklammerungen, Ringergriffe. Es wunderte mich nicht, daß sich sogleich Parteien bildeten, die ihren Favoriten durch Zurufe unterstützten, es hätte nicht viel gefehlt, und die Parteien hätten übernommen und ausgetragen, was ihnen vorgemacht wurde von den beiden.

Auf ein Zeichen von Lene ging ich zu ihr, sie nahm meine Hand und zog mich hinaus, fort von den aufgebrachten Leuten, für die sie nur ein mitleidiges Lächeln übrig hatte. Wir gingen den erlaufenen Wanderweg bis zu den Schuppen ihres Vaters, hier sagte sie: »Komm, Jan, wir sagen dem alten Mann guten Tag.« Ihr Vater war dabei, die Leine eines Wurfnetzes anzupassen. Bei seinem Anblick dachte ich: Der braucht keine Maske, den kann man gleich für einen Hasen halten. Zweimal mußte Lene ihm meinen Namen nennen, er blickte mich skeptisch an, nachdem Lene ihm beigebracht hatte: »Jan ist vom *Blinkfeuer.*« Ich fragte ihn nach der Besonderheit des Wurfnetzes, und er schien erfreut über meine Frage. Ich wußte, daß Wurfnetze vor allem bei der Flußfischerei gebraucht wurden, auf den Strömen in Südamerika, und er versicherte mir, daß die Fischer geübte Werfer seien, Schleuderer eigentlich. Einem Einfall nachgebend, entblößte er seine Schneidezähne, griff das Wurfnetz und forderte mich auf, einen Augenblick bewegungslos stehen zu bleiben, und ohne meine Einwilligung abzuwarten, demonstrierte er die Möglichkeiten seines Netzes. Ruckhaft, als erweckte er das am Boden liegende Netz zum Leben, zog er die Leine an, zog und kreiselte gleichzeitig, kreiselte immer schneller, so daß das Netz sich erhob und tellerartig zu seiner Form fand und stieg, bis auf Augenhöhe stieg, jetzt schleuderte er es über mich und zog die Leine zu, und ich war gefangen; von Kopf bis Fuß. Lene klatschte vor Freude in die Hände und sagte: »Gefangen, Jan, du bist gefangen.«

Während sie mich aus dem Garn befreite, summte sie ein Lied. Soweit ich den Text verstand, den sie gelegentlich zitierte, handelte es von einer ersehnten Ankunft nach langer Wartezeit und wiederholte ein Versprechen mit den Worten »Wei Wei Wang«.

Den Kaffee, den ihr Vater uns anbot, schlug sie aus, sie vertröstete ihn auf ein nächstes Mal und behauptete, daß wir erwartet würden, und der alte Mann ließ uns gehen. Zum Abschied legte er mir eine Hand auf die Schulter.

Lene wollte mir etwas zeigen, etwas anvertrauen, sie hatte einen Lieblingsplatz in den Dünen, den sie aufsuchte, wenn sie allein sein wollte, allein mit Wind, Sand und den Seevögeln; dorthin führte sie mich. Die Vertiefung auf dem Kamm der Düne war mit einer Zeltplane ausgelegt, an einigen Stellen war Sand nachgerieselt. »Hier sieht uns niemand«, sagte Lene und setzte sich und deutete auf das Meer hinaus. Schweigend saßen wir nebeneinander – mit dem Schweigen, das manchmal so viel bedeutet, wie Worte es tun können. Wir bliesen und wischten Sandkörner von der Haut, ich empfand das flüchtige Glück ihrer Berührungen. Wie von selbst kam der Wunsch nach Dauer auf. Wir streckten uns aus, lagen nah beieinander; bevor meine Hand zur Ruhe kam, wanderte sie über Lenes Rücken, ihre Hüften. Ich hatte das Bedürfnis, zu sprechen, ihr etwas zu erzählen, doch ich tat es nicht, vielleicht weil ich fürchtete, daß durch Worte etwas verlorengehen könnte. Im stillen für mich aber stellte ich mir etwas vor, deutlich sah ich das kleine Haus vor mir, in dem wir zusammen wohnen würden, ich sah sie mich zur Tür und durch den Blumengarten bringen und mir nachwinken auf meinem täglichen Weg zur Schule. Bei diesem anheimelnden Entwurf, ermattet in der Wärme, muß ich eingeschlafen sein.

Ich träumte. Im Traum trug ich meine Maske und trieb mich am Fährhafen herum und am Leuchtturm, heiter begrüßt von Feriengästen, kopfschüttelnd betrachtet von Einheimischen. Plötzlich waren auch Kinder da, eine ganze Kinderschar. Sie folgten mir, sie umkreisten mich, ein Junge legte es darauf an, mich zu provozieren, durch Zurufe, durch schnelle klatschende Schläge. Ich ging schneller, floh vor den Kindern bis zu den Strandkörben. Nachdem ich die Kinder zurückgelassen hatte, blieb ich stehen, um Atem zu holen. Ich bemerkte nicht gleich, daß ich vor der Fensterscheibe unserer Bankfiliale stand; erst als Frau Brodersen an ihren Schalter trat, wußte ich es. Es waren keine Kunden in der Filiale. Frau Brodersen begann, Belege abzuheften, prüfte da, verglich, drückte den Sammler. Ihr gutmütiges Gesicht zeigte nichts als Zufriedenheit. Dann aber hob sie ihr Gesicht und sah mich und hielt mitten in ihrer Tätigkeit inne. Zuerst zeigte ihr Gesicht nur eine plötzliche Starre, fassungslos blickte sie mich an, auch ungläubig; sie öffnete den Mund, stieß vermutlich einen Schrei aus, und verschloß die Kasse. Durch Zeichen gab ich ihr zu verstehen, daß ich jetzt zu ihr kommen würde, worauf sie sich ängstlich umsah, nach einer Deckung suchte oder nach einem Fluchtweg. Ich ging in die Filiale hinein und sagte zur Begrüßung: »Nur ruhig, gute Frau, wenn Sie sich ruhig verhalten, geschieht Ihnen nichts.« Sie blieb an ihrem Platz und zog den

Schlüssel von der Kasse und hielt ihn mir hin, mit einer Geste zur Selbstbedienung, wie es mir vorkam. Ich öffnete die Kasse. Es waren nur Münzen darin. Mit einer Handvoll ging ich hinaus zu den Kindern, die zu meiner Überraschung Masken trugen, nicht alle, aber einige von ihnen. Sie umdrängten mich, und ich gab ihnen Münzen, die sie staunend betrachteten, dann fingen Sie an zu hopsen und zu tanzen, doch auf einmal hielten Sie erschreckt inne. Ein Hornsignal, das mich auch in meinem Traum erreichte, ließ sie innehalten.

Ich fuhr auf. Lene saß schon aufrecht neben mir und deutete auf das kleine Zelt des Strandwächters, neben dem eine Fahne wehte. »Ich muß los«, sagte sie und sprang aus der Vertiefung und lief über die Dünen hinüber zum Strand, wo sich einige Leute eingefunden hatten, auch Opa Klaas war unter ihnen, er, der Erfinder der Kajakmeisterschaften. Der alte bärtige Strandwächter sagte mir, daß diesmal nur ein sogenannter Zwischenlauf stattfinden sollte, jeder könne daran teilnehmen, auch Feriengäste, in einem der Leihboote, die am Strand bereitlagen. Eine Leine, die zwischen zwei Kanistern auf dem Wasser schwamm, bezeichnete die Startlinie.

Opa Klaas, eine Leuchtpistole in der Hand, trat heran und gab Anweisungen und ermahnte Teilnehmer und Zuschauer, und als er mich entdeckte, winkte er mich gleich zu sich: »Zeig mal, was du kannst, Jan, du kannst mein Kajak nehmen.« Mit einem Schuß rief er die Teilnehmer an die Startlinie, sechs Boote insgesamt. Die Teilnehmer grüßten einander mit einem Heben der Hand, mit einem auffordernden Nicken oder mit einem Lächeln. Um keinen Frühstart zu verursachen, bändigten sie ihre leichten Boote vor der Startlinie mit kurzen, kräftigen Schlägen. Neben mir, wie festgewachsen, saß Lene in ihrem Kajak, man konnte sie für ein Wasserwesen halten, das so zur Welt gekommen ist. Beidhändig hielt sie ihr Paddel, stechbereit, einmal strich sie leicht darüber hin, man konnte es als Ermunterung verstehen.

Gleichzeitig mit dem Startschuß wurde die Leine eingezogen, und der Wettkampf begann. Es war kein ruhiger Start. Plötzlich waren da Schreie zu hören, Kommandos, Anfeuerungsrufe, sie kamen nicht vom Strand, die Teilnehmer selbst waren es, die sich laut äußerten, die versuchten, einen Druck loszuwerden, sich zu fordern, hochzuputschen. Auf gleicher Höhe mit Lene sah ich, daß ihr Gesicht nicht nur Gelassenheit zeigte, sondern streng und verbissen war, und ich hörte ihre Rufe, mit denen sie sich Kraft und Ausdauer abverlangte, mitunter hörte es sich an wie ein Stöhnen, ein Ächzen. Ich versuchte an ihr vorbeizuziehen, ich zog und schaufelte und tauchte so hastig ein, daß ich nicht meinen Rhythmus einhalten konnte, es gelang mir nicht, sie hinter mir zu lassen. Sie zog länger durch als ich, anscheinend auch kraftvoller, und als ich bemerkte, daß sie mich mit Handzeichen anspornte, empfand ich sie als meinen wichtigsten Rivalen. Doch nachdem ich eingesehen hatte, daß sie uneinholbar war, gab ich nach, paddelte aus Mutlosigkeit nur mechanisch weiter, und hatte mich bereits mit einem hinteren Platz abgefunden. Aber auf einmal, als hätte Schwäche sie überkommen, ließ sie sich fallen, so daß ich zu ihr aufschließen konnte, auf gleicher Höhe paddelten wir auf das Ziel zu, gingen Boot an Boot durchs Ziel unter dem Beifall der Zuschauer am Strand. Übermütig oder weil geschehen war, was sie insgeheim beabsichtigt hatte, führte sie ihre Glanznummer vor, kippte seitwärts ab, tauchte prustend wieder auf und saß in der gleichen Haltung in ihrem Kajak wie beim Wettkampf.

Nach dieser Eskimorolle ließ Opa Klaas es sich nicht nehmen, uns zu beglückwünschen, mit seinem üblichen Händedruck, der länger als gewöhnlich dauerte, dabei schaute er jeden von uns so dringend an, als erwartete er eine Erklärung. Nach dem Glückwunsch gab er uns zu verstehen, daß wir nunmehr einen Wunsch frei hatten im *Blinkfeuer*, auf Abruf. Ich gratulierte Lene, sie gab mir einen Klaps auf die Schulter.

Wie von selbst entstand das Verlangen, mit ihr allein zu sein, wir verständigten uns wortlos, gingen zum *Blinkfeuer* hinauf, und ich brachte sie durch die Hintertür in mein Zimmer, einen ehemaligen Abstellraum, in den man mir ein Bett hineingestellt hatte, ein ausladendes Bett, in dem eine ganze Inselfamilie Platz gefunden hätte. Lene setzte sich nicht, sie hechtete aufs Bett. Nacheinander hob sie die Bücher auf, die ich am Kopfende gestapelt hatte, überflog die Titel, legte sich achselzuckend zurück und sagte: »Ich habe Hunger, Jan!«

Da bei Opa Klaas zu jeder Tageszeit belegte Brote zu haben waren, holte ich aus der Glasvitrine in der Gaststube Brotscheiben mit Jagdwurst, mit gebratener Makrele und mit Kräuterkäse, füllte ein Glas Buttermilch ab und servierte Lene alles auf einem handbemalten Tablett. So nachdenklich, wie sie aß, habe ich noch nie jemanden essen gesehen: Nach jedem Bissen schloß sie die Augen, atmete kaum, saß regungslos da und abwartend, nicht anders, als gelte es, etwas zu ergründen oder wiederzuentdecken, einen erhofften Geschmack, ein vertrautes Aroma. Ich half ihr dabei, das Tablett leer zu essen. Dann holte ich hervor, was ich unter meinem Pullover verborgen hatte und was Lene aufjauchzen ließ: zwei Masken, die ich im Vorbeigehen aus dem beschlagnahmten Stapel im Schrank genommen hatte – die Wildkatze und den Drachen. »Damit wir uns wiedererkennen«, sagte ich. Wir setzten die Masken auf, wir schnurrten und fauchten uns vergnügt an, wir spielten das Spiel, das die Masken uns nahegelegt hatten. Nachdem ich sie einmal rasch, wenn auch ungenau, geküßt hatte, sagte Lene: »Jetzt hat der Drache den Tiger geküßt«, und ich sagte: »Ein Datum in der Evolution.«

Wir lagen eng zusammen, und ich konnte nicht aufhören, auf die Geräusche im Haus zu achten, auf Schritte, Stimmen, auf das Schliessen einer Tür. Lene spürte wohl meine Nervosität oder Besorgnis, sprach leiser auf einmal, ohne ihre Liebkosungen zu unterbrechen. Sie fragte mich, ob wir nicht zusammen verreisen sollten, Spanien, sie dachte an Spanien, dies war das Land, das sie kennenlernen wollte. Sie hatte viel gehört über Spanien, über die Schönheit des Landes und über die Freundlichkeit der Menschen, mit mir wollte sie dieses Land entdecken. Auf ihren Vorschlag beschlossen wir, das Geld, das wir durch gelegentliche Tätigkeit verdienten, sie bei ihrem Vater, ich bei Opa Klaas, zu sparen. In unseren Plan verliebt, zweifelten wir nicht, daß genug zusammenkäme. Eine stille Freude erfüllte uns, nun, da wir den Anfang einer Gemeinschaft bestimmt, einen Teil unserer Zukunft bewirtschaftet hatten. Lene sprang auf. Sie nahm die Maske ab und schob sie unter mein Kopfkissen. Mit einem Ausdruck schmerzlichen Bedauerns sagte sie, daß sie nun leider gehen müsse, man erwarte sie zu Hause. Ich hielt sie fest. Erst nachdem wir uns für den nächsten Tag verabredet hatten, an ihrem Lieblingsplatz auf der Düne, ließ ich sie gehen. Heftiger wurde ich nur selten geküßt. Durch das Fenster sah ich ihr nach, wie sie davonging, sah, wie sie beim Gehen ab und zu kleine Hüpfer einlegte, ein Ausdruck ihrer Freude, so kam es mir vor. Den beiden Entenjägern, denen sie begegnete, wünschte sie Glück, indem sie ihnen einen gestreckten Daumen zeigte.

Noch während ich ihr nachblickte, kam Opa Klaas zu mir herein; bevor er sich auf den einzigen Stuhl setzte, sah auch er durchs Fenster, murmelte etwas und schüttelte sacht den Kopf. Er hatte mir etwas zu sagen. Der bedenkliche Ausdruck seines Gesichts ließ mich ahnen, daß er Kummer hatte. Bevor er mir den Grund seines Besuches nannte, bat er mich, ihn zu verstehen: »Du mußt mich verstehen, Jan.« Nicht nur ihm, auch anderen sei aufgefallen, daß sich da etwas anbahne zwischen Lene und mir. An und für sich habe er nichts dagegen, sagte er, Lene sei eine Erscheinung, die viel für sich hat, die man gern anschaut; so drückte er sich aus. »Du mußt aber wissen, Jan, daß sie die Tochter von Albert Jensen ist, dem Netzemacher.« Eine Weile zögerte er weiterzusprechen, dann aber vertraute er mir bekümmert an, daß Albert Jensen sein Schuldner sei, sein größter Schuldner. »Mehr als einmal, Jan, habe ich schon an Zwangsvollstreckung gedacht. Diesen Schritt kann ich nicht gehen, schließlich sind Albert und ich Schulfreunde!« Ich weiß nicht, was genau er nach diesem Bekenntnis von mir erwartete, ich vermutete lediglich, daß er mir anheimstellte, meine eigenen Schlüsse zu ziehen. Als er ging, noch bei offener Tür, nickte er mir auffordernd zu und sagte: »Ich hoffe, daß du mich verstanden hast.« Ich mußte an Lene denken, an unsere Verabredung auf der Düne, und ich stellte mir vor, wie ihr Vater reagieren könnte, wenn er erfuhr, daß sie schon wieder mit einem aus dem *Blinkfeuer* verabredet war; als Schuldner ist man oft nicht gut zu sprechen auf den, in dessen Schuld man steht. Um nicht mit leeren Händen an ihrem Lieblingsplatz zu erscheinen, ging ich zu Madsen und kaufte eine Tüte Karamellbonbons, für alle Fälle auch einen Riegel Bitterschokolade.

Zwei Männer von der Küstenwache, die ich sogleich wiedererkannte, erregten meine Neugier. Sie kannten sich aus bei uns, zielbewußt gingen sie auf den großen Schuppen von Lenes Vater zu, klopften gegen das Tor, riefen. Während sie warteten, fiel ihr Blick auf das Netzwerk, das zwischen Pfählen aufgehängt war, ein Grundnetz, mehrere Reusen. Ein Mann zog ein Maßband aus der Tasche, der andere überprüfte mit gespreizten Fingern die Größe der Maschen, mitunter hob er in anklägerischem Triumph eine vermessene Masche hoch, geradeso, als hätte er sie einer Unredlichkeit überführt. Sie prüften, sie maßen, sie taten es schweigend. Eine Aalreuse hatte offenbar ihren besonderen Argwohn hervorgerufen, sie nahmen sie vom Pfahl ab und warfen sie auf den Weg, bereit zum Mitnehmen. Noch bevor ich am Schuppen war, zogen sie ab.

Lenes Vater erstaunte mich. Er war wütend, der alte Mann, er ballte die Faust, aber sagen wollte er nicht mehr als »Pfennigscheißer«. Auch eine Drohgebärde, die er gegen den Horizont richtete, fiel ihm ein, gehorsam ließ er sich von Lene ins Haus führen. Meine Zeichen – Zeichen der Anteilnahme, der Beschwichtigung – schien sie nicht zu bemerken, vermutlich, weil sie den alten Mann mit größter Fürsorglichkeit führte, um ihn vor einem Straucheln oder gar Sturz zu bewahren. Die Art, wie sie ihn über die drei Stufen vor dem Haus brachte, berührte mich, und ich stellte mir vor, wie sie seine Lagerstatt ins Auge faßte, ihn zog und leitete und sanft niederdrückte und dann eine Decke über ihn breitete, bevor sie einen Schemel heranrückte und darauf wartete, daß er einschlief – so, wie es einst ihre Mutter wohl getan hatte, die bis zu ihrem Tod im Haus einer Krankenschwester ausgeholfen hatte.

Meine Befürchtungen behielten nicht recht. Lene kam zu unserer Verabredung. Sie saß bereits am ausgemachten Platz, als ich den Kamm der Düne erreichte. Zu meiner Überraschung war sie nicht allein. Cornelia saß neben ihr, klopfte mit flacher Hand auf den Boden, als Aufforderung, Platz zu nehmen. Sie bat mich um eine Zigarette und geriet ins Schwärmen, über die Urtümlichkeit der Landschaft, über die Lichtstreifen auf dem Meer und sogar über die Inselgesichter, in denen sie eine gewisse Besonderheit entdeckt haben wollte. Wir konnten nicht anders, wir hörten ihr nur schweigend zu. Nachdem sie uns mit allem vertraut gemacht hatte, was uns umgab und was wir besaßen, hob sie ihren Zeichenblock auf den Schoß und blätterte ihn auf. Wie schon einmal erkannte ich den Kaufmann Madsen mit seinem süßsauren Lächeln, den Leuchtturmwärter Kunzel mit seiner gefurchten Stirn, Opa Klaas, der einmal mehr bewies, welch ein angestrengter Zuhörer er war, mit schräggelegtem Kopf und offenem Mund, schließlich auch Strandwächter Eggers, der seinen Bart wild wachsen ließ.

Wer weiß, was sie selbst erwartete, als sie uns mein Porträt zeigte, sie hielt es uns fragend hin, dies Gesicht, auf dem der Ausdruck einer Weigerung lag, ich sah mich mit zusammengepreßten Lippen und starrem Blick, auch einen Zug von Naivität mußte ich erkennen, jedenfalls glaubte ich beim Anblick meines Porträts jemanden vor mir zu haben, der die Geräusche der Welt nicht in sich eindringen lassen will. Lene, die taxierend auf mich und das Porträt blickte, sagte: »Ja, das bist du, Jan, dir kannst du nicht entkommen.« In ihrer Stimme lag ein Ton des Bedauerns. »Und wie findest du dich?« fragte mich Cornelia, und ich darauf, nach abermaligem Prüfen: »Na ja«, mehr fiel mir nicht ein. Lene ließ sich noch einmal den Zeichenblock geben, fuhr mit dem Zeigefinger über meinen Mund, meine Augen und schüttelte den Kopf und sagte: »Ob du es glaubst oder nicht, Jan, aber mit der

Maske warst du ein anderer.« Ich war so erstaunt, daß ich sie nicht darum bat, ihr Urteil zu begründen. Ich signierte mein Porträt, wie es Cornelia wünschte, gab es ihr zurück und sagte: »Je länger ich mich anschaue, desto mehr erkenne ich mich.« Cornelia sagte: »Das freut mich.« Mir lag an Lenes abschließendem Urteil, doch sie hatte kein Wort für das Porträt, sie stand auf und sagte nur: »Ich wünsche gute Unterhaltung«, und dann ging sie, ohne uns die Hand zu geben. »Was hat sie?« fragte Cornelia, »verstehst du das?« Ich konnte ihr nicht antworten, ich blickte Lene nach in der Erwartung, daß sie sich noch einmal umwenden und uns zuwinken würde, einfach, weil es hier zum Abschied gehört, doch sie tat es nicht.

Auch am nächsten und am übernächsten Tag sah ich Lene nicht wieder, ich begegnete ihr weder im *Blinkfeuer* noch in der Werkstatt ihres Vaters, der mir nicht viel mehr sagen konnte, als daß sein Mädchen – so nannte er sie – über einer Arbeit sitze und versuche, etwas ins reine zu bringen. Es schien ihm nicht unangenehm zu sein, daß ich mich nach Lene erkundigte, er war aber nicht bereit, sie aus ihrem Zimmer herauszurufen. Ich mußte akzeptieren, daß er es ihr überließ, Entscheidungen für sich selbst zu treffen, wenn die Zeit dafür gekommen ist.

Aber dann kam der siebzigste Geburtstag von Opa Klaas. Es war windstill, es war ein warmer Abend. In der Hoffnung auf Freibier und ein Feuerwerk fanden sich viele ein, junge Leute zündeten ein Feuer aus getrocknetem Schwemmholz an und sangen zur Gitarre. Das Boot der Küstenwache glitt gemächlich vorbei und nahm Kurs auf die freie See.

Überrascht waren alle, als Timmsen auf der Terrasse erschien, er, der wohl der wortkargste Mann auf der Insel war und den sie nur den Knurrhahn nannten. Wo er auftauchte, war Gewalt nicht fern. Wie immer begleitete ihn sein Hund, den er auch in seinem Boot mitnahm, wenn er zu den Stellnetzen hinausfuhr. Arno nannte er ihn. Wie gelenkig dieser Hund war, hatte er uns bereits mehrmals bewiesen, und offenbar wollte er auch am Geburtstag von Opa Klaas ein Beispiel für seine Dressurkunst geben.

Mit einer straffen Bewegung lenkte er die Aufmerksamkeit des Hundes auf sich und befahl: »Arno, begrüß die Gäste!«, und nach kurzem Zögern erhob sich der Hund auf die Hinterbeine, nickte, probierte eine Verneigung, die ihm allerdings nur halbwegs glückte, und schlug die Vorderpfoten aufeinander. Kaum hatte Arno das Stück Würfelzucker verschluckt, das er zur Belohnung erhielt, wurde ihm befohlen, seine Freude zum Ausdruck zu bringen: »Los, Arno freut sich!« Der Hund gehorchte, indem er kleine Sprünge machte und in hoher Tonlage kläffte, im Unterschied zu dem Brummen, als ihm befohlen wurde: »Arno ist müde und will schlafen.« Wie gehorsam und überzeugend er sich ausstreckte.

Während Arno einen schlafenden Hund darstellte – und dabei sogar unwillig ein Insekt vertrieb, das sich auf seine Schnauze gesetzt hatte –, unterbrach einer der Gäste die gefällige Vorstellung. Es war einer der Rheinländer, der sich ohne Ankündigung erhob, sein gefülltes Bierglas nahm und es lachend über den Hund auskippte. Arno blinzelte, schoß hoch, bellte den Rheinländer an, und gereizt durch Zurufe verbiß er sich in das Hosenbein des Störers, zerrte und jaulte. Timmsen konnte dem Treiben seines Hundes nicht gleichgültig zusehen, langsam stand er auf, und mit einer Ruhe, die bereits Unheil ankündigte, war er mit wenigen Schritten bei dem Rheinländer und versetzte ihm einen Schlag, der jeden von den Beinen geholt hätte. Weniger der Schlag als vielmehr die Art, wie Timmsen danach seine Hände gegeneinanderrieb, so daß man annehmen mußte, er habe sie sich schmutzig gemacht, schien die Zuschauer zu empören. Sie protestierten, sie schimpften, sie drohten, ihr Zorn machte sie beweglich; Timmsen konnte sich nur abducken unter den Schlägen. Es gab aber auch einige, die sich bereitfanden, ihn zu verteidigen, und sich gegen die Angreifer wandten, und da ihre Fäuste ihnen nicht genügten, griffen sie nach allem, was sich ihnen anbot: Stühle und Gläser. Wie rasch da ein Stuhl zerbrach, und wie handlich sich ein Stuhlbein erwies zur Bekräftigung der eigenen Argumente. Gläser zerbrachen erst, wenn sie auf den Boden fielen. In die heftigen

Wutschreie mischten sich einzelne Schmerzensschreie, die einen empfindlichen Treffer bezeugten. Interessiert sah ich der Auseinandersetzung zu, und da ich sie nicht zum ersten Mal erlebte – beinahe an jedem zweiten Wochenende konnte man im *Blinkfeuer* Zeuge solcher Unstimmigkeiten werden –, kam mir das Ganze wie eine einstudierte Aufführung vor.

Auch Opa Klaas beobachtete eine Weile interessiert die gewaltsamen Überzeugungsversuche, zählte wohl auch still mit, was da brach und in Scherben ging, und als es ihm genug schien, entschloß er sich, einzuschreiten. Mit einer Stimme, die sich wie der Ausläufer eines Sturms anhörte, forderte er: »Friede, verdammt noch mal, Ruhe, aber gleich!« Einmal rief er auch: »Saubande, still jetzt!« Da seine Ermahnungen und Appelle ohne Wirkung blieben, entschloß er sich zu einer Handlung, die ich ihm nicht zugetraut hätte: Er ging zu dem Schrank, in dem die konfiszierten Masken lagen, schloß ihn auf, verharrte vor dem offenen Schrank und vergewisserte sich, daß man ihm jetzt zusah, griff hinein und zog wahllos mehrere Masken heraus. Mit dem Ruf: »Da habt ihr, was ihr braucht!«, warf er die Masken einzeln den Anwesenden zu, fast behutsam und so, daß die Masken für einen Augenblick durch die Luft zu segeln schienen. Jubel antwortete ihm. Hände reckten sich, fingen ab, was da heransegelte, der erfolgreiche Fänger trennte sich sofort von seinem Nachbarn, bemüht, die Beute ungestört anzulegen. Einige gab es, die sich schnell begutachten ließen; ich konnte beobachten, daß es auch zu einem Maskentausch kam. Mir entging nicht, daß Timmsen zu den glücklichen Fängern gehörte. Was er hatte ergattern können, zeigte sich erst, als er es unter Drohungen seinem Hund anprobierte; es war die Maske eines Igels, die Arno zum seltsamsten Lebewesen im *Blinkfeuer* machte. Freudig wurde Arno begrüßt, man lockte, man streichelte ihn, hier und da verwöhnte man ihn mit einem Zuckerstück oder mit einer Wurstscheibe. Ich mußte glauben, daß Arno all diese Zuwendungen genoß; seine Purzelbäume konnte ich nicht anders deuten.

Nach einer ganzen Weile erschien Opa Klaas wieder auf der Terrasse. Mit Beifall wurde er empfangen. Er bewegte sich unsicher, suchte nach einer stützenden Hand, die er von Jonas erhielt, dem Schwimmlehrer; wer Opa Klaas kannte, wußte sogleich, daß er sich gründlich beglückwünscht hatte mit *Windstärke 11*. Mit geschlossenen Augen, sein Standbein wechselnd, hörte er die Rede an, die Jonas auf ihn hielt, erfuhr also, daß er als Inselwirt ein Helfer gewesen sei in trüben Tagen, daß er für Beladene immer ein offenes Ohr habe und daß jeder im Irrtum sei, der annehme, bei Opa Klaas allein trinken zu müssen. Auf ein Zeichen von Opa Klaas wurde ein Kasten Bier herausgebracht und alle wurden aufgefordert, sich zu bedienen. Er selbst ließ sich eine geöffnete Flasche reichen, hielt sie gegen die Zuhörer und fand nach einigem Nachdenken zu der Aufforderung: »Na, denn prost.« Was ihm dann zugerufen wurde, war nicht zu verstehen, denn die Zurufe wurden übertönt von einigen Böllerschüssen und dem wilden Prasseln von Knallfröschen.

Vom Kamm der Düne wurden Leuchtraketen übers Meer hinausgeschickt, die zischend aufstiegen, vor dem Niedergehen explodierten und dabei einen Silberregen entließen. Jetzt konnte ich Laute der Begeisterung hören.

Ich spürte, daß mich jemand am Ärmel zupfte, einmal und noch einmal, im zuckenden, im huschenden Licht der Feuerwerkskörper sah ich, was mir im ersten Augenblick wie eine Sinnestäuschung vorkam: Neben mir, in Brusthöhe, erschien eine Maske und starrte mich an, der Drache, meine Maske. Ein Junge trug sie. Als wollte er sich angemessen verhalten, produzierte er einen Angstlaut, ein stoßweises Fauchen, dem er dann ein meckerndes Lachen folgen ließ. Ich wußte, woher er die Maske hatte; ohne eine Erklärung nahm ich sie ihm ab, und da er quengelte und maulte, drohte ich ihm und ließ ihn stehen.

Ich suchte Lene, ich fand sie im *Blinkfeuer*: die Fröhlichkeit schien sie nichts anzugehen. An einem Ecktisch saß sie für sich allein und starrte vor sich hin, das Kinn in beide Hände gestützt. Noch bevor ich hinter ihr stand, erkannte ich, daß es mein Porträt war, das sie auf dem Tisch ausgebreitet hatte; als ich sie fast berühren konnte, sah ich sogar die mit Bleistift geschriebene Zahl, »5 Euro«, offenbar hatte Cornelia selbst ihre Arbeit ausgezeichnet. Als ich Lene eine Hand auf den Nacken legte, stand sie erschreckt auf und musterte mich wie ertappt, doch nur für einen Augenblick, denn gleich rollte sie das Porträt zusammen und verschwand im Nebenraum. Ich wartete auf ihre Rückkehr und legte meine Maske an. Nicht freudig, unwillig betrachtete sie mich, und als ich sagte: »Nun sind wir uns wieder näher«, wandte sie sich ab und ging rückwärts einige Schritte von mir fort. Ich folgte ihr. Ich streckte beide Hände aus, um sie zu berühren, zu umfassen. Sie sagte: »Bitte nicht«, und sagte dann entschieden: »Geh weg, du.« Ihre Stimme klang so zurückweisend, daß ich einen Moment zögerte; da trat sie auf mich zu, griff nach meinem Gesicht und riß die Maske ab. Ich spürte nur einen kleinen sengenden Schmerz.

Mit mir sahen auch andere, wie sie entschlossen zum Feuer ging, die Maske über die Flammen hielt und, nach einem suchenden Blick zu mir, die Hand öffnete. Zuerst schien es, als drückte die Maske an einer Stelle das Feuer nieder, aber dann flammte es auf, mein Drache krüllte sich, erhöhte das Feuer, im Lodern entließ er kleine Funken. Ich kam nicht von Lene los, die unerbittlich dastand und das Verschwinden der Maske beobachtete, geradeso, als werde hier eine Strafe vollzogen, die sie selbst verhängt hatte.

Sie ging fort ohne Abschied. Kein Heben der Hand, kein letzter Blick. Während sie fortging, erwiderte sie keinen Gruß, antwortete nicht ihren Leuten, die Fragen an sie richteten. Man hat sie zuletzt auf der Fähre zum Festland gesehen.

2011

Das Wettangeln

Ein Höhepunkt während der Ostseewoche war noch jedesmal das Wettangeln. Der kleine Ort Thorshafen gab sich dann Mühe, festlich zu erscheinen; etliche der weinroten Häuser waren beflaggt, die beiden Kaffeestuben hatten ihren Ausschank nahe an den See verlegt, und von den kleinen Booten prahlten manche mit einem neuen Anstrich. Wettangeln: für viele von uns war es die Gelegenheit, Glück und Könnerschaft zu erproben, zu beweisen. Ich nahm durch Zufall daran teil.

Wenn Henry Weiß nicht mit seinem Rollstuhl verunglückt wäre, hätte ich nicht die nötige Teilnehmerkarte erhalten. Henry war Insasse unseres Pflegeheims; ein ehemaliger Sportlehrer, der bereits eine Meisterschaft im Turmspringen gewonnen hatte, seine Disziplin aber wegen eines Bänderrisses hatte aufgeben müssen. Jetzt war er Schiedsrichter.

An jenem Tag sah ich ihn in seinem Rollstuhl auf dem Deich näher kommen, sah auch, wie er den beschwerlichen Weg meisterte, bis er auf die Abfahrt zum See kam, eine schmale, löchrige Abfahrt, auf der er, wie es mir vorkam, nur ruckweise vorwärtskam, plötzlich aber, als hätte ihn eine stoßweise unerwartete Energie erfaßt, dem Gefälle nachgab und dicht vor dem See stürzte. Er lag unter dem Rollstuhl wie festgeklemmt. Er versuchte, sich hochzustemmen, griff und zerrte und wollte auf die Beine kommen, doch es wollte ihm nicht gleich gelingen.

Ich war nicht der einzige, der seinen Sturz beobachtet hatte. Noch bevor ich bei ihm war, hörte ich Anjas Stimme vom Hügel her, von dem kalkweißen Haus. Sie war die Nichte von Henry Weiß und lebte früher mit ihm in dem geräumigen Haus und besorgte seinen Haushalt. Eilig kam sie den Hügel herab gelaufen und gemeinsam gelang es uns, den alten hilflosen Mann aufzurichten und auf den Hangweg zu schieben, so hoch über dem Wasser, daß er alles bis zum Schilfgürtel überblicken konnte. Hier blies er das Horn zum Zeichen, daß das Wettangeln beginnen konnte. Sein Horn hatte einen tiefen, warnenden Ton, man konnte ihn auch für einen Hilferuf halten. Am Ufer des Sees wurde sein Signal sogleich verstanden; an mehreren Stellen, als hätten sie darauf gewartet, erhoben sich einige Angler; manche in Ölzeug, manche trugen Wurfruten, Schachteln mit Blinkern und selbstgemachten Ködern.

Ein Junge wollte sein Glück offenbar mit künstlichen Libellen versuchen, ein anderer hatte seine Hoffnung auf Teichwürmer gesetzt, die er in einer

Dose aufbewahrte. Wie sie einander musterten! Sie begutachteten ihre Ausrüstung, wechselten einen sparsamen Gruß durch das Heben einer Hand oder hielten sich einen gestreckten Daumen entgegen. Glückwünsche konnte ich nicht hören, hin und wieder nur Verwünschungen, die sie ein paar Graugänsen hinterher schickten, die sich aus dem schiefergrauen Wasser erhoben.

Zu meiner Überraschung hatte Anja eine gesteckte Wurfrute bei sich. Sie bot mir gleich an, diese gemeinsam zu benutzen, und als wir vor Henry Weiß standen, gab er uns eine Teilnehmerkarte, nur eine. »Versucht's mal zusammen.«

Mir war nicht entgangen, daß vor dem Schilfgürtel ein länglicher Schatten stand; behutsam näherte ich mich ihm, und als ich über ihm war, erkannte ich den Kopf, der einem Entenschnabel glich, und wußte, daß es ein Hecht war. Es war der größte Hecht, den ich jemals gesehen hatte. Sofort beschloß ich, ihn zu ködern. Das einzige, was ich ihm anbieten konnte, war ein Stück Brotteig, den Anja in einer kleinen Papiertüte bei sich hatte. Ich knipste ein Stück Teig ab, rollte es zu einer Kugel und brachte es auf den Haken. Dann warf ich aus. Verführerischer konnte ein Angebot nicht sein; es gelang mir, den Teigbrokken neben dem Kopf des großen Fisches eintauchen zu lassen, und war sicher, daß er gleich zuschnappen würde. Wie ich es mir gewünscht hatte, schnappte der Fisch auch zu und schluckte den Köder. Doch nur für einen Augenblick. Dieser Augenblick reichte anscheinend wohl aus, um festzustellen, daß der Brotteig nicht bekömmlich war, denn der Hecht spuckte ihn gleich wieder aus und suchte die Tiefe; ich hatte das Gefühl, daß dieser Köder ihn beleidigte.

Vom Schilf her hörte ich einen Freudenruf, ich stapfte näher dorthin und sah einen der jungen Angler, der einen Barsch vom Haken löste und ihn in ein Handnetz steckte. Der Barsch bog sich und zappelte, und der Junge wußte nichts anderes zu sagen als »Ruhig, nur ruhig, mein Junge«. Ein Angler ließ sich seine Enttäuschung anmerken: anscheinend war es ihm gelungen, einen Aal heftig anzuschlagen und ihn bis an Land zu ziehen, wo er ihn zwar befreite, doch nicht in den Händen behalten konnte. Mit wenigen Schlägen entwand sich der Fisch seinem Griff und schlängelte sich in das rettende Wasser.

Ein Photograph glaubte das festhalten zu müssen, ein bärtiger Mann, der mehreren Anglern Anweisungen gab, sich zünftig zu verhalten, Zielwürfe auszuführen oder die Beute hochzuhalten. Als er Anja sah, ließ er sie nicht mehr aus seinem Blick, bat sie, auf das Kämmen ihres langen blonden Haars zu verzichten, und Anja tat, was er wollte. Er wies sie an, sich zu mir auf das schlichte Bänkchen zu setzen und die Angel auszuwerfen. Mich forderte er auf, Anja zu umarmen. Ich zog sie dicht an mich, streichelte ihren

Rücken, ihre Schenkel und küßte ihre Wange. Mit einer heftigen Bewegung drückte sie sich an mich und erwiderte meine Küsse.

Anscheinend war es mir gelungen, einen kleinen Schwarm von Rotplötzen auszumachen; ich bestückte meinen Haken mit Brotteig, warf aus und hatte sogleich einen Biß, und landete einen der rotflossigen, knapp handtellergroßen Plötze. Anja klatschte vor Freude und Henry Weiß rief mir ein Wort der Anerkennung zu; mit einem Schnitt hinter den Kopf tötete ich den Fisch. Nachdem ich an meiner Angel den Haken ausgewechselt hatte – ich befestigte den größten, von uns so genannten Aal-Haken –, nahm ich die Plötze als Köder und schlich mich an die Stelle heran, an der ich den Hecht entdeckt hatte. Er stand immer noch da, fächelte mit seinen Brustflossen; er schien nur zu lauern. »Da«, flüsterte Anja, »da ist er!« Der Hecht zeigte uns, wie er seine Beute bewältigt: Mit einem kraftvollen Schlag seines ganzen Körpers schoß er nach vorn, erhob sich knapp aus dem Wasser, krümmte sich und tauchte und hatte schon seine Beute zwischen den Zähnen und schüttelte sie gerade so, als wollte er den kleinen Fisch unverlierbar bei sich behalten. Flucht, wie selbstverständlich reagierte er durch plötzliche Flucht, wobei er mehr und mehr Schnur von der Rolle zog. Offenbar geriet die Schnur dabei in ein treibendes Astwerk und hinderte ihn daran, ins Offene zu kommen.

Der Fisch versuchte es mit einem Sprung, wobei sich die Schnur derart beim Eintauchen in dem antreibenden Astwerk verhedderte, daß ich sie nicht mehr auf die Rolle bekam; ich mußte den Fisch Hand über Hand heranziehen. Geschickt packte Anja zu. Es gelang ihr, den Hecht herauszuheben, lachend hielt sie ihn dem Photographen entgegen und konnte es nicht verhindern, daß der zappelnde Fisch freikam und kurz von der Bank auf die Erde fiel und mit abgeklappten Kiemen liegen blieb. Ich winkte den Photographen heran und forderte ihn auf, ein Bild von mir und dem Fisch zu machen. »Heb ihn hoch«, sagte er, »halt ihn vor deinen Körper. Man soll erkennen, was für einen Prachtburschen du gelandet hast.« Ich tat, was er von mir verlangte, beugte mich hinab, streckte meine Hand aus, und bevor ich ihn berührte, schnappte der große Fisch zu. Er schnellte hoch und schlug sein Gebiß in meine Hand und zerrte so kraftvoll, als wollte er sie abreißen. Ich spürte einen sengenden Schmerz und zog und ruckte und versuchte den Fisch abzuschütteln, doch er hatte sich so festgebissen, daß es mir nicht gelang. Zwischen den Knöcheln meiner Hand trat Blut aus.

Anja bemerkte es, sie stöhnte auf, fluchte, griff mein auf der Erde liegendes Messer und näherte sich dem Fisch. Nicht hastig, sondern ruhig, konzentriert, so, als suchte sie die empfindlichste Stelle, betrachtete sie den Fisch und stieß dann zu. Sie stieß das Messer in den Kopf des Hechts und sah zu, wie ein Zittern seinen ganzen Körper durchlief und seine Schwanzflosse sich ein paar Mal hob, ehe sie zur Ruhe kam. Anjas Handlung blieb nicht unbemerkt. Henry Weiß forderte sie auf, den toten Fisch auf ein kleines Grasstück zu legen, wo bereits, auf einen Drahtring gezogen, die Beute mehrerer Angler zu besichtigen war: Plötze, Barsche, auch dickbäuchige Karpfen. Neben jedem Ring lag eine Teilnehmerkarte mit Namen; eine Karte bestätigte, daß Anja und ich als Gemeinschaft gelten sollten. Die Preisverleihung sollte am Abend stattfinden.

Mehrmals gingen Anja und ich zu dem Grasstück, auf dem die gesamte Beute ausgelegt war, wir schätzten, verglichen, wiederholten unsere Inspektion, wobei wir uns in glücklicher Erwartung an den Händen hielten. Wir zweifelten nicht, daß unser Hecht preiswürdig war. Zweimal fragten wir Henry Weiß, wie lang er noch auf die Preisverleihung warten wollte, er mahnte uns nur zu Geduld.

Danach beschlossen wir, auf einem Binsenfloß herumzupaddeln, die anderen Angler zu beobachten und gemeinsam vor dem Schilf zu schwimmen und von uns vermutete Fische aufzustöbern und sie zu beunruhigen und zur Flucht zu veranlassen. Zornige Angler schimpften und forderten uns auf zu verschwinden. Wir gaben ihrem Drängen nach und paddelten am Schilf entlang, bis wir die kleinere, mit

Erlen bewachsene Stelle am Ufer fanden. Hier zogen wir unser Binsenfloß auf Land. Ein Streifen warmen Sands lud zum Verweilen ein. Bevor wir uns hinlegten, bestückte Anja meine Grundangel; da sie nichts anderes fand, löste sie den Belag von einem Schinkenbrötchen, rollte ihn zusammen und schlug den Haken hinein. Von einer vergessenen Grundangel, die am Schilf lag, band sie das Glöckchen ab und befestigte es an ihrer Schnur, bespuckte den Köder und legte ihn aus. Wir lagen eng zusammen.

Wir vergaßen den Ort. Wir wunderten uns nicht, daß unsere Aufmerksamkeit nachließ und daß die Spannung einschlief. Der vereinzelte Ruf eines Haubentauchers war das einzige Geräusch. In einer Umarmung suchten und fanden wir Wärme. Unter den Küssen achteten wir nicht auf das Glöckchen, das immer noch an unserer Angel baumelte. Einmal fuhren wir auf, eine heftige peitschende Bewegung im Wasser zog unseren Blick an, und plötzlich sahen wir ihn. Deutlich erkannten wir den breitmäuligen Wels, seinen plumpen Körper, der nicht erkennen ließ, wie Bewegung entstand. Ein Herrscher des Sees, dem alles dienstbar war, so glitt er vorbei; aus seinem Maul lösten sich ein paar Blasen. »Siehst du den Burschen«, fragte ich Anja. »Er ist noch auf dem Streifzug«, sagte Anja.

Aus ihrem Beutel kramte sie eine Tube Sonnencreme heraus und bat mich, sie einzucremen. Sie zog ihren Badeanzug aus und legte sich hin, wobei sie ihren Arm nah an das Gesicht zog. Ich gab mir Mühe, ihren Wunsch zu erfüllen, schmierte und knetete auch ein wenig, während sie meine Hand lenkte. Ohne etwas zu sagen, weckte sie Empfindungen, von denen ich wünschte, daß sie dauerten.

Es wunderte mich, wie wortlos sie gehorchte, als sie gerufen wurde. Mit einer beruhigenden Geste stand sie auf und winkte und gab dem Rufer zu verstehen, daß sie sich schon auf den Weg machte.

Anja ging zu dem Grasstück, auf dem die Beute des Tages abgelegt worden war und wo sich bereits, in Erwartung der Preisverleihung, einige Angler eingefunden hatten. Auch Henry Weiß war erschienen. Er saß in seinem Rollstuhl und lauschte den Klängen eines Schifferklaviers und zeigte seine Freude, als Anja erschien. Mit knappen Zeichen gab er ihr zu verstehen, daß er sie neben sich haben wollte. Anja übersah seine Zeichen. Sie setzte sich neben mich und summte das Lied mit, das vom Heimweh eines Matrosen handelte, der alles, was ihm zu seinem Glück fehlte, in den Augen seines Mädchens zu finden hoffte. In diesem Augenblick begann das Glöckchen an unserer Angel heftig zu arbeiten, es schlug und hämmerte und alarmierte in hohem Ton. Sie sprang auf. Die Leine der Grundangel straffte sich. Anja zog und stemmte sich gegen den Zug. Henry Weiß rief: »Halt ihn fest, Anja, du schaffst es!« Der Fisch – und für mich gab es keinen Zweifel, daß es der große Wels war – schnürte in den Schilfsaum hinein, wühlte da, wühlte, bis er sich auf einmal festklemmte. Henry Weiß unterbrach seine Preisverleihung, entließ die beiden Angler, die er bereits zu sich gerufen hatte, und wandte sich an Anja, die im Schilf verschwunden und bemüht war, den Fisch zu fassen. Es gelang ihr nicht, doch sie konnte ihn fest an der Schnur halten, so daß alle den großen Fisch sehen konnten. Aber alle konnten auch sehen, wie der Fisch nach einer heftigen Berührung wie erschrocken hochschnellte, wegtauchte und in der Tiefe verschwand. Daß Anja einen Trostpreis erhielt, stimmte alle Zuschauer zufrieden. Sie klatschten, als Henry Weiß sie zu sich rief und ihr einen fingerlangen gläsernen Fisch am Band zeigte, bei dessen Anblick sie aufjauchzte. Dann legte er ihr die Schnur um den Hals und küßte sie auf die Wange.

Anja zu Ehren spielte das Schifferklavier eine getragene Melodie; soweit ich den Text verstand, war es eine Huldigung an die Fischkönigin, deren Schuppen so schön waren, daß sie auch auf dem Grund des Gewässers leuchteten. Der Schluß endete mit der Bitte: »Ach, leuchte mir immer, du wunderbare Makrele!« Einige der Angler tanzten. Sie tanzten feierlich, tanzten schwerfüßig.

Alle Blicke aber waren nun auf Laura gerichtet, denn was sie zeigte, die Thorshafener Lehrerin, gab zu Begeisterung und Verblüffung Anlaß. Frau Laura, wie sie von uns nur genannt wurde, war eine magere, gütige Frau, konnte offenbar der Melodie nicht widerstehen, mit entschlossenen Schritten ging sie zu dem Grasstreifen, auf dem die Beute der Angler abgelegt war. Nacheinander berührte, beklopfte sie die verschiedenen Fische, nickte dann, als hätte sie eine Wahl getroffen, und hob den Hecht hoch. Sie tanzte mit ihm, wobei sie den Fisch dann und wann übermütig an sich preßte. »O-Ho!«, rief da ein Angler, und ein anderer wiederholte: »O-Ho!« Der Photograph hielt sie fest, wie sie den Fisch an sich drückte, und mehr brauchte sie nicht zu tun, um den Ehrentitel zu erhalten. Sie durfte sich Fischkönigin von Thorshafen nennen.

2014

Nachweis